# Entrenamiento canino sin maltrato: Herramientas y consejos para crear un vínculo sólido con tu perro

ENTRENAMIENTO SIN VIOLENCIA

**First edition. November 2, 2023.**

Copyright © 2023 Gonzalo Estrada.

ISBN: 979-8224796106

Written by Gonzalo Estrada.

# Table of Contents

# Contenido

# Capítulo 1: Los fundamentos del entrenamiento canino

Este capítulo introducirá los principios esenciales del entrenamiento canino, incluyendo la importancia de establecer una comunicación clara y positiva con tu perro. El objetivo principal de este capítulo es ayudarte a comprender la importancia de crear un vínculo sólido con tu compañero canino a través de un entrenamiento basado en el respeto mutuo y la ausencia de maltrato.

El entrenamiento canino sin maltrato se basa en el amor, la paciencia y la comprensión mutua entre tú y tu perro. Al utilizar metodologías basadas en recompensas y refuerzos positivos, podrás moldear el comportamiento de tu mascota de manera efectiva, estableciendo así una relación saludable y duradera.

Para comenzar, es fundamental entender que cada perro es único y tiene su propia personalidad y temperamento. Al igual que los seres humanos, cada uno de ellos tiene sus propias necesidades, motivaciones y capacidades de aprendizaje. Es por eso que debes adaptar tu enfoque de entrenamiento a las características individuales de tu perro, permitiéndole aprender de una manera que sea significativa y placentera para ambos.

La comunicación clara y positiva es la base del entrenamiento canino exitoso. Tu perro no habla tu idioma, por lo tanto, es fundamental usar señales y comandos claros y consistentes para evitar confusiones. Asegúrate de utilizar un lenguaje corporal seguro y positivo, así como elogios y recompensas para reforzar el comportamiento deseado.

Una herramienta invaluable para el entrenamiento canino es el refuerzo positivo. En lugar de castigar el mal comportamiento, enfócate en recompensar y elogiar el buen comportamiento. Esto puede incluir golosinas, caricias, palabras de aliento y juegos, creando así una asociación positiva en la mente de tu perro. Al recompensar adecuadamente el comportamiento deseado, tu perro se sentirá motivado a repetirlo en el futuro.

Además, establecer una rutina de entrenamiento consistente y estructurada será muy beneficioso para tu perro. Los perros son animales de hábitos, y al establecer horarios de alimentación, paseos y sesiones de entrenamiento, estarás brindándoles la seguridad y estabilidad que necesitan. Recuerda que la consistencia y la paciencia son clave para lograr resultados duraderos.

Otro aspecto importante del entrenamiento canino es entender las necesidades emocionales de tu perro. Al igual que los seres humanos, los perros tienen sus propias emociones y capacidades emocionales. Es fundamental brindarles amor, atención y estímulo mental para mantener su bienestar emocional. Asegúrate de dedicar tiempo diario a jugar, interactuar y establecer lazos afectivos con tu perro, ya que esto fortalecerá el vínculo entre ambos.

En resumen, el entrenamiento canino sin maltrato es una forma efectiva y positiva de establecer una comunicación sólida con tu perro. A través del uso de recompensas y refuerzos positivos, podrás moldear su comportamiento de manera positiva y establecer una relación basada en el respeto mutuo. Recuerda que cada perro es único y requiere un enfoque personalizado, adaptándote a sus necesidades individuales. Al establecer una comunicación clara y positiva, establecer una rutina consistente y comprender sus necesidades emocionales, estarás creando un vínculo sólido y duradero con tu fiel compañero. ¡Continúa leyendo para descubrir más herramientas y consejos valiosos en la segunda parte de este capítulo emocionante! Una parte fundamental del entrenamiento canino sin maltrato es comprender la importancia de la paciencia y la persistencia. Al igual que los seres humanos, los perros necesitan tiempo para aprender y desarrollar nuevas habilidades. No debes esperar resultados inmediatos, sino que debes estar dispuesto a invertir tiempo y esfuerzo en el proceso de entrenamiento.

Es importante recordar que cada perro tiene su propio ritmo de aprendizaje. Algunos perros pueden aprender rápidamente nuevas órdenes y comportamientos, mientras que otros pueden requerir más tiempo y práctica. No te frustres si tu perro no responde de inmediato, y en su lugar, mantén una actitud positiva y perseverante.

Además, es fundamental utilizar técnicas de entrenamiento basadas en refuerzos positivos y recompensas. A medida que enseñas a tu perro nuevos comandos y comportamientos, asegúrate de elogiar y recompensar sus esfuerzos. Puedes usar golosinas, caricias y palabras de aliento como recompensa, lo que hará que tu perro asocie el entrenamiento con algo positivo y placentero. También puedes aprovechar el juego como una forma de recompensa, ya que muchos perros disfrutan de la actividad física y social.

La constancia es otro aspecto clave del entrenamiento canino sin maltrato. Debes establecer una rutina diaria de entrenamiento y seguirla de manera consistente. Mantén las sesiones de entrenamiento cortas pero frecuentes, para mantener la atención de tu perro y evitar el agotamiento. Recuerda que la repetición y la consistencia son fundamentales para afianzar los comportamientos deseados.

Además del entrenamiento tradicional, también puedes considerar la inclusión de actividades de enriquecimiento mental en la rutina diaria de tu perro. Estas actividades incluyen juegos de olfato, rompecabezas interactivos y juguetes de estimulación mental. Estos juegos y juguetes ayudarán a mantener a tu perro mentalmente activo y satisfecho, y también pueden ser una forma divertida de fortalecer el vínculo entre ambos.

Es importante establecer límites claros pero no utilizar técnicas de adiestramiento que impliquen el miedo o la intimidación. El uso de collares de entrenamiento dolorosos o técnicas aversivas puede dañar la confianza y el bienestar emocional de tu perro, y en lugar de crear un vínculo sólido, puede resultar en un perro temeroso o agresivo. El entrenamiento basado en el refuerzo positivo, por otro lado, fomenta una relación de confianza y respeto mutuo.

En conclusión, el entrenamiento canino sin maltrato se basa en principios de amor, paciencia y comprensión mutua. Al utilizar métodos de entrenamiento basados en recompensas y refuerzos positivos, puedes moldear el comportamiento de tu perro de manera efectiva y establecer una relación saludable y duradera. La paciencia, la constancia y la consistencia son fundamentales para lograr resultados duraderos. Recuerda respetar el ritmo de aprendizaje de tu perro y disfrutar del proceso de entrenamiento juntos. Con dedicación y un enfoque positivo, puedes crear un vínculo sólido y afectuoso con tu compañero canino. ¡Continúa leyendo para descubrir más consejos útiles y herramientas en el próximo capítulo!

# Capítulo 2: Conociendo las necesidades básicas del perro

En este capítulo se explorarán las necesidades esenciales de los perros, desde el ejercicio y la estimulación mental hasta la alimentación adecuada, para garantizar su bienestar y equilibrio emocional. Los perros son seres maravillosos que nos brindan compañía, alegría y amor incondicional. Como dueños responsables, es nuestra responsabilidad satisfacer sus necesidades básicas para asegurar que vivan una vida plena y feliz.

Una de las necesidades más importantes de los perros es el ejercicio adecuado. Los perros son animales activos por naturaleza y necesitan liberar energía física de manera regular. El ejercicio no solo ayuda a mantener un peso saludable, sino que también promueve la salud cardiovascular, fortalece los músculos y mejora la coordinación. Además, el ejercicio es vital para prevenir problemas de comportamiento relacionados con el aburrimiento y la falta de estimulación. Paseos diarios, juegos interactivos y actividades como la agilidad son excelentes maneras de proporcionar a tu perro el ejercicio que necesita.

Asimismo, es fundamental brindarles estimulación mental. Los perros son animales inteligentes y curiosos que necesitan enfrentar desafíos y resolver problemas para mantenerse mentalmente activos. Una manera efectiva de estimular sus mentes es a través de juegos de olfato y rompecabezas de comida. Estos juegos no solo entretienen a tu perro, sino que también lo incentivan a usar su sentido del olfato y su capacidad de resolver problemas. Esto no solo los mantiene ocupados, sino que también promueve un equilibrio emocional y una mayor concentración.

La alimentación adecuada es otro aspecto crucial para el bienestar de tu perro. Es esencial proporcionar una dieta equilibrada y de calidad que satisfaga todas sus necesidades nutricionales. Consulta con tu veterinario para determinar qué tipo de alimento es el más adecuado para tu perro, teniendo en cuenta su edad, tamaño, nivel de actividad y condiciones de salud específicas. Recuerda que una buena alimentación no solo se traduce en un pelaje brillante y una piel saludable, sino que también contribuye a fortalecer el sistema inmunológico y prevenir enfermedades.

La socialización también es una necesidad básica de los perros. Desde una edad temprana, es importante exponer a tu perro a diferentes personas, animales y entornos para que aprenda a interactuar de manera adecuada. La socialización ayuda a prevenir problemas de comportamiento y fomenta una actitud amigable y confiada en tu perro. Organizar encuentros con otros perros, visitar parques o participar en actividades de entrenamiento grupal son excelentes formas de socializar a tu perro.

En resumen, conocer y satisfacer las necesidades básicas de tu perro es fundamental para garantizar su bienestar y equilibrio emocional. El ejercicio adecuado, la estimulación mental, la alimentación equilibrada y la socialización son elementos clave para proporcionarle una vida plena y feliz. A lo largo de este capítulo, exploraremos en mayor detalle cada una de estas necesidades esenciales, brindándote herramientas y consejos prácticos para crear un vínculo sólido con tu perro. ¡Continuemos nuestra aventura juntos en el próximo segmento de este capítulo! En la segunda mitad de este capítulo, nos adentraremos en más detalles sobre las necesidades básicas del perro y cómo satisfacerlas de manera adecuada.

Otra necesidad esencial de los perros es el tiempo de calidad junto a sus propietarios. Como seres sociales, los perros necesitan interacción humana y afecto para sentirse seguros y amados. Dedica tiempo diario para jugar, acariciar y simplemente estar presente con tu perro. Esto fortalecerá el vínculo entre ustedes y lo ayudará a mantenerse emocionalmente equilibrado. Recuerda que los perros son criaturas leales y estarán siempre a tu lado, por lo que también es importante retribuirles ese amor y fidelidad.

Además de la interacción humana, los perros también requieren momentos de tranquilidad y descanso. Es fundamental proporcionarles un lugar cómodo y propio donde puedan relajarse y dormir. Una cama para perros o un espacio delimitado exclusivamente para ellos les brindará seguridad y les permitirá recargar energías. Evita disturbios innecesarios durante sus momentos de descanso, ya que esto puede generar ansiedad o incomodidad.

La higiene y el cuidado físico también son necesidades básicas que debemos atender. Los perros necesitan ser cepillados regularmente para mantener su pelaje limpio y libre de nudos. Esto no solo los mantendrá saludables y libres de parásitos, sino que también fortalecerá el vínculo entre ambos durante el proceso de cepillado. Además, es importante realizar baños periódicos utilizando productos adecuados para su tipo de piel y pelaje. Consulta a tu veterinario sobre la frecuencia y los productos recomendados para la higiene de tu perro.

Asimismo, no debemos olvidar la importancia de la educación y el adiestramiento. Los perros necesitan una guía clara y consistente para comprender las reglas y comportarse adecuadamente. El adiestramiento basado en refuerzos positivos es una metodología efectiva y libre de maltrato que fortalecerá el vínculo entre tú y tu perro. Aprender comandos básicos como sentarse, quedarse y venir cuando se le llama no solo facilitará la convivencia, sino que también mejorará la seguridad de tu perro al poder controlar su comportamiento en diversas situaciones.

Finalmente, es crucial estar atentos a cualquier señal de malestar o enfermedad en nuestro perro. Observa su comportamiento, apetito, nivel de energía y realiza revisiones regulares con tu veterinario. Si notas cambios significativos en su comportamiento o estado de salud, no dudes en buscar atención médica. Los perros no pueden comunicarse verbalmente sus dolencias, por lo que dependen de nosotros para brindarles el cuidado que necesitan.

En conclusión, satisfacer las necesidades básicas del perro implica dedicar tiempo y atención a diferentes aspectos de su vida. Desde la interacción humana y el tiempo de calidad hasta el descanso adecuado, la higiene, el adiestramiento y la atención veterinaria, todas estas áreas son fundamentales para garantizar el bienestar y la felicidad de nuestro fiel compañero. Recordemos siempre ser dueños responsables y estar dispuestos a aprender y adaptarnos a las necesidades individuales de nuestro perro. juntos, crearemos un vínculo sólido y duradero con el que ambos podremos disfrutar de una vida plena y feliz.

# Capítulo 3: Herramientas de entrenamiento canino

En el emocionante viaje de entrenamiento de tu perro, contar con las herramientas adecuadas es esencial para fomentar un aprendizaje positivo y sin maltrato. En este capítulo, exploraremos diferentes herramientas de entrenamiento disponibles y cómo utilizarlas de manera segura y efectiva para crear un vínculo sólido con tu compañero canino.

Una de las herramientas más comunes utilizadas en el entrenamiento canino es la correa. Una correa resistente y ajustable proporciona control y seguridad durante los paseos y las sesiones de entrenamiento. Es importante elegir una correa que se adapte a tu perro y a tu estilo de entrenamiento. Las correas de nylon son duraderas y fáciles de limpiar, mientras que las correas de cuero brindan un aspecto más elegante y clásico. Recuerda siempre utilizar una correa de longitud apropiada para facilitar la comunicación y el control.

Otra herramienta útil es el arnés de entrenamiento. Los arneses distribuyen el peso de manera uniforme sobre el cuerpo del perro y evitan la tensión en su cuello y garganta. Esto es especialmente beneficioso para perros más pequeños o aquellos con problemas respiratorios. Sin embargo, es importante asegurarse de ajustar correctamente el arnés para evitar que se escape o se suelte durante el entrenamiento.

El clickeador es una herramienta valiosa en el entrenamiento basado en refuerzo positivo. Consiste en un pequeño dispositivo que emite un sonido distintivo cuando se presiona. El clickeador se utiliza para marcar el momento exacto en que el perro realiza una conducta deseada, seguido de una recompensa. Esta técnica, conocida como "entrenamiento con clicker", permite una comunicación clara y precisa entre el humano y el perro, facilitando el aprendizaje y fortaleciendo el vínculo. Antes de utilizar un clickeador, es importante aprender a utilizarlo correctamente para evitar confusiones en el perro.

Los juguetes interactivos también son herramientas valiosas en el entrenamiento canino. Estos juguetes estimulan la mente y el cuerpo del perro, proporcionándole una forma divertida y enriquecedora de aprender y quemar energía. Los juguetes de dispensación de comida, como los rompecabezas o los Kong rellenos, pueden utilizarse como refuerzo positivo durante el entrenamiento. Alimentar a tu perro a través de estos juguetes no solo lo entretendrá, sino que también estimulará su instinto de búsqueda y satisfará su necesidad de masticar.

Además de estas herramientas físicas, no podemos pasar por alto el poder de la comunicación verbal y el lenguaje corporal. Tu voz, tono y gestos transmiten información valiosa a tu perro. Utilizar órdenes claras y consistentes, combinadas con el lenguaje corporal adecuado, ayudará a tu perro a comprender lo que se espera de él durante el entrenamiento. Recuerda que la paciencia y la coherencia son clave para establecer una comunicación efectiva con tu compañero canino.

En resumen, las herramientas de entrenamiento canino desempeñan un papel fundamental en el desarrollo de un vínculo sólido y positivo con tu perro. La elección y el uso adecuado de estas herramientas son cruciales para promover un entrenamiento sin maltrato y fomentar el aprendizaje positivo. ¡Continúa leyendo la segunda parte de este capítulo para descubrir más herramientas valiosas que te ayudarán a fortalecer la conexión con tu perro! El uso del collar es otra herramienta común en el entrenamiento canino. Los collares de entrenamiento, como los de púas o de estrangulamiento, se utilizan para corregir comportamientos no deseados. Sin embargo, es importante tener en cuenta que estos collares pueden causar daño físico y emocional a tu perro si se utilizan incorrectamente. En lugar de recurrir a estos collares, te recomiendo utilizar collares de martingala o los collares de cabeza tipo Halti o Gentle

Leader, que proporcionan un mayor control y evitan la tensión en el cuello.

Otra herramienta que puede ser útil es el pet corrector. Este es un aerosol que emite un sonido fuerte y agudo cuando se presiona. Se utiliza para interrumpir rápidamente comportamientos no deseados, como ladrar en exceso o saltar sobre las personas. Sin embargo, es importante utilizarlo de manera adecuada y no abusar de esta herramienta. Recuerda que el objetivo principal del entrenamiento canino es promover un aprendizaje positivo y fortalecer el vínculo con tu perro.

El uso de recompensas también es una herramienta valiosa en el entrenamiento canino. Las recompensas pueden ser alimento, juguetes o elogios verbales. Es importante encontrar lo que motiva a tu perro y utilizarlo como reforzador positivo durante el entrenamiento. Al recompensar comportamientos deseables, estás fomentando el aprendizaje positivo y creando un ambiente de confianza y conexión con tu perro.

Además de las herramientas físicas y las recompensas, es esencial tener en cuenta el ambiente en el que se lleva a cabo el entrenamiento. Un entorno tranquilo y sin distracciones ayudará a tu perro a concentrarse y aprender de manera efectiva. También es importante establecer una rutina y ser coherente en tu enfoque de entrenamiento para que tu perro se sienta seguro y confiado.

En el entrenamiento canino sin maltrato, es fundamental alejarse de métodos que utilicen castigos físicos o emocionales. Estos métodos no solo pueden dañar a tu perro, sino que también pueden afectar negativamente su relación contigo. En su lugar, enfócate en reforzar los comportamientos deseados y redirigir los no deseados de manera positiva.

Recuerda que cada perro es único y puede responder de manera diferente a las herramientas de entrenamiento. Es importante observar y comprender a tu perro para adaptar tu enfoque de entrenamiento y encontrar las herramientas que funcionen mejor para él.

En conclusión, las herramientas de entrenamiento canino son recursos valiosos para promover un aprendizaje positivo y fortalecer el vínculo con tu perro. Sin embargo, es esencial utilizar estas herramientas de manera segura y efectiva, evitando el maltrato y priorizando el bienestar de tu compañero canino. Continúa explorando nuevas herramientas y técnicas para seguir enriqueciendo la relación con tu perro y facilitar su proceso de aprendizaje. ¡Sigue leyendo y descubre más consejos y estrategias para el entrenamiento canino efectivo y sin maltrato en los próximos capítulos de este libro!

# Capítulo 4: Estableciendo reglas y límites

Una de las bases fundamentales para lograr una convivencia armoniosa y satisfactoria con nuestro perro es establecer reglas y límites claros desde el principio. Al igual que los seres humanos, los perros necesitan estructura y dirección para sentirse seguros y comprendidos. En este capítulo, exploraremos la importancia de establecer estas pautas, así como estrategias efectivas para transmitirlas de forma consistente y justa.

Cuando hablamos de reglas, nos referimos a las normas de comportamiento que esperamos de nuestro perro en diferentes situaciones. Estas pueden variar dependiendo de cada hogar y las necesidades individuales de cada animal, pero es fundamental establecerlas de manera clara y consistente para evitar confusiones. Al fijar reglas, estamos definiendo los límites y las expectativas que tenemos para nuestro perro, lo cual le proporciona una estructura necesaria.

Una regla que resulta esencial es la consistencia. Los perros son animales de hábitos y rutina, por lo que necesitan un marco de referencia estable y predecible. Esto implica que las reglas establecidas deberían ser aplicadas de forma coherente por todos los miembros de la familia. Si permitimos que nuestro perro haga algo en un momento y luego lo restringimos en otra ocasión, estaremos generando confusión y dificultades en su aprendizaje.

Es importante destacar que establecer reglas no implica maltrato o rigidez excesiva. Al contrario, se trata de transmitir las pautas de forma clara y justa, utilizando técnicas de refuerzo positivo y recompensas cuando se cumplen las normas. Nuestro objetivo debe ser construir un vínculo sólido con nuestro perro basado en el respeto mutuo y la confianza.

Un enfoque efectivo para establecer y comunicar reglas es el uso de comandos verbales. Los perros son animales muy receptivos al lenguaje humano y pueden aprender a asociar palabras específicas con determinadas acciones o comportamientos. Por ejemplo, podemos enseñarle a sentarse cuando le decimos "sentado" y detenerse al escuchar "quieto". Esto permitirá que nuestro perro comprenda con claridad lo que esperamos de él en diferentes momentos y situaciones.

El tono de voz que utilizamos al transmitir las reglas también es importante. Debemos ser firmes pero tranquilos, evitando gritos o amenazas. El perro debe sentir que estamos estableciendo límites de manera justa y serena, sin perder el control ni recurrir a la violencia. Recuerda que el objetivo es fortalecer el vínculo con nuestro perro, no generar miedo o intimidación.

Además de establecer reglas y límites claros, es importante ser conscientes de las necesidades individuales de nuestro perro. Cada animal es único y puede tener diferentes niveles de energía, temperamentos y capacidades. Debemos ajustar nuestras expectativas y reglas en función de estas características, asegurándonos de no sobrecargar o exigir demasiado a nuestro compañero canino.

En resumen, establecer reglas y límites claros es esencial para la convivencia armónica con nuestro perro. Esto le brinda la estructura y dirección necesarias para sentirse seguro y comprendido. La consistencia, el uso de comandos verbales y un tono de voz adecuado son parte fundamental de la comunicación efectiva. En la segunda mitad de este capítulo, profundizaremos en estrategias específicas para implementar estas reglas de manera exitosa. ¡Continúa leyendo para descubrir más sobre cómo establecer un vínculo sólido con tu perro basado en respeto y confianza! En la segunda mitad de este capítulo, nos adentraremos en estrategias específicas para establecer reglas y límites de manera exitosa con nuestro perro. Estas técnicas han sido desarrolladas y probadas por profesionales en entrenamiento canino, y pueden ser de gran utilidad para construir una relación sólida basada en el respeto y la confianza mutua.

Una de las primeras estrategias que podemos implementar es el uso de señales visuales. Al igual que los comandos verbales, los perros pueden aprender a asociar gestos específicos con determinados comportamientos. Por ejemplo, podemos utilizar un movimiento de la mano hacia abajo para indicarle a nuestro perro que se siente, o un gesto de detener la palma de la mano para que se detenga. Estas señales visuales son especialmente útiles cuando no podemos hablar o cuando queremos reforzar la comunicación verbal con un gesto adicional.

Otra técnica efectiva es la repetición y la consistencia en la aplicación de las reglas. Los perros aprenden a través de la repetición y la práctica constante. Por lo tanto, es importante que apliquemos las reglas de manera consistente en todas las situaciones. Si queremos que nuestro perro se siente antes de recibir su comida, por ejemplo, debemos asegurarnos de que lo haga todos los días, sin excepción. La práctica constante ayudará a que nuestro perro comprenda las reglas y las siga de manera automática.

El refuerzo positivo también juega un papel fundamental en el establecimiento de reglas y límites claros. En lugar de castigar los comportamientos indeseados, debemos enfocarnos en recompensar los comportamientos correctos. Cuando nuestro perro siga una regla o limite, debemos elogiarlo y recompensarlo con algo que le guste, como un premio o una caricia. Esto refuerza positivamente el comportamiento deseado y alienta a nuestro perro a repetirlo en el futuro.

Es importante mencionar que el refuerzo positivo debe ser aplicado de manera adecuada. Las recompensas deben ser entregadas de inmediato, para que el perro pueda establecer la conexión entre su comportamiento y la consecuencia positiva. Además, debemos evitar el uso excesivo de premios, ya que esto puede llevar a una dependencia excesiva de la recompensa y dificultar el proceso de entrenamiento a largo plazo.

Otra estrategia útil es el uso de la redirección. Si nuestro perro se está comportando de manera inapropiada o rompiendo una regla, en lugar de castigarlo, podemos redirigir su atención hacia un comportamiento alternativo que sea aceptable. Por ejemplo, si nuestro perro está saltando sobre las personas para saludarlas, en lugar de reprenderlo, podemos enseñarle a sentarse y saludar de manera más adecuada. Esto le brinda al perro una alternativa positiva y lo motiva a adoptar el comportamiento deseado.

Por último, es importante tener paciencia y ser consistentes durante el proceso de establecer reglas y límites con nuestro perro. El entrenamiento canino requiere tiempo y dedicación, y cada perro aprenderá a su propio ritmo. Es fundamental mantener la calma y no desanimarse ante posibles contratiempos. Con el tiempo y la práctica constante, veremos cómo nuestro perro internaliza y respeta las reglas establecidas.

En resumen, establecer reglas y límites claros con nuestro perro es esencial para lograr una convivencia armoniosa y satisfactoria. Utilizando estrategias como las señales visuales, la repetición y consistencia, el refuerzo positivo, la redirección y la paciencia, podremos construir un vínculo sólido basado en el respeto mutuo y la confianza. Recuerda que el entrenamiento canino debe ser siempre libre de maltrato, utilizando únicamente técnicas de refuerzo positivo y recompensas. ¡Pon en práctica estas estrategias y disfruta de una relación positiva y enriquecedora con tu perro!

# Capitulo 5: El refuerzo positivo como base del entrenamiento

El adiestramiento canino es una herramienta fundamental para lograr una convivencia armoniosa con nuestras mascotas. A lo largo de la historia, diferentes métodos han sido utilizados para enseñar a los perros diversas habilidades y comportamientos, pero hoy en día existe un consenso generalizado en torno al uso del refuerzo positivo como una base sólida para el entrenamiento.

En este capítulo, nos adentraremos en el fascinante mundo del refuerzo positivo y exploraremos su utilización efectiva para fomentar comportamientos deseables en nuestros perros, al mismo tiempo que fortalecemos el vínculo con ellos. Antes de sumergirnos en los detalles de esta técnica, es importante comprender en qué consiste y por qué se ha convertido en una herramienta tan popular entre los entrenadores de perros.

El refuerzo positivo se basa en el principio de recompensar conductas deseables en lugar de castigar las no deseadas. A través del uso de premios, ya sean golosinas, caricias u otros estímulos positivos, podemos enseñar a nuestros perros a asociar ciertos comportamientos con experiencias gratificantes. Esto no solo hace que el proceso de aprendizaje sea más agradable para nuestra mascota, sino que también fortalece la relación de confianza y respeto mutuo entre nosotros.

Una de las ventajas más destacadas del refuerzo positivo es su capacidad para motivar al perro a aprender y cooperar de manera voluntaria. Al recompensar conductas positivas, estamos incentivando a nuestro perro a repetirlas en busca de más recompensas. Esto resulta en un aprendizaje más rápido y eficiente, ya que el perro se convierte en un participante activo en su propio proceso de entrenamiento.

Es importante destacar que el refuerzo positivo no implica simplemente entregar premios sin criterio. Para ser efectivo, debe ser utilizado de manera precisa y oportuna. Es fundamental premiar al perro en el momento exacto en que realiza la conducta deseada, de esta manera lograremos que establezca una clara asociación entre su acción y la recompensa recibida. Además, también es importante variar las recompensas para mantener la motivación del perro y evitar la dependencia de un solo estímulo.

Al utilizar el refuerzo positivo, nos enfocamos en lo que nuestro perro hace bien y buscamos reforzar esos comportamientos. De esta manera, incentivamos conductas positivas en lugar de castigar las negativas. Al centrarnos en lo positivo, establecemos un ambiente de aprendizaje en el que el perro se siente motivado, seguro y capaz de alcanzar nuestras expectativas.

En el próximo capítulo, profundizaremos en las diferentes técnicas y estrategias específicas del refuerzo positivo, así como en cómo aplicarlas de manera efectiva en el entrenamiento de nuestro perro. Descubriremos cómo utilizar señales claras y consistentes, cómo graduar las recompensas y cómo mantener la motivación y el interés del perro a lo largo del proceso.

El refuerzo positivo es una poderosa herramienta que nos permite ayudar a nuestros perros a desarrollar habilidades y comportamientos deseables, al mismo tiempo que fortalecemos nuestro vínculo con ellos. A medida que nos adentramos en el mundo del entrenamiento canino basado en el refuerzo positivo, descubriremos cómo esta técnica puede transformar la manera en que nos comunicamos y relacionamos con nuestros fieles amigos de cuatro patas.

El refuerzo positivo ofrece una amplia gama de técnicas y estrategias que nos ayudan a establecer una comunicación efectiva con nuestros perros. Una de las claves para utilizar el refuerzo positivo de manera efectiva es utilizar señales claras y consistentes. Nuestros perros son seres inteligentes y capaces de asociar diferentes estímulos con ciertas acciones o comportamientos. Al utilizar señales claras y consistentes, podemos ayudar a nuestros perros a entender qué comportamiento se espera de ellos y cuándo pueden esperar una recompensa.

Existen diferentes formas de señalizar los comportamientos deseados. Una de ellas es el uso de señales verbales, como una palabra específica o un comando corto y claro. Por ejemplo, si queremos enseñarle a nuestro perro a sentarse, podemos utilizar la palabra "sentado" de manera consistente cada vez que realice la acción. De esta manera, nuestro perro asociará la palabra "sentado" con la acción de sentarse y sabrá que será recompensado por ello.

Otra forma de señalizar es a través de gestos o señales físicas. Por ejemplo, podemos levantar la mano hacia arriba para indicarle a nuestro perro que se siente o abrir la palma de la mano para pedirle que se quede quieto. Estas señales físicas pueden ser especialmente útiles cuando estamos entrenando a nuestro perro en situaciones en las que no podemos utilizar señales verbales, como en un parque lleno de ruido o distracciones.

Además de utilizar señales claras y consistentes, también es importante graduar las recompensas que ofrecemos a nuestro perro. Las recompensas pueden ser de diferentes tipos, como golosinas, caricias, juegos o simplemente elogios verbales. En general, es recomendable utilizar recompensas que sean significativas para nuestro perro y que lo motiven a seguir aprendiendo y cooperando.

Es importante recordar que no todos los perros son iguales y que cada uno puede tener sus preferencias en cuanto a las recompensas. Algunos perros pueden estar más motivados por las golosinas, mientras que otros pueden preferir elogios verbales o juegos. Observa a tu perro y descubre qué tipo de recompensa es más efectiva para él. Además, también es importante variar las recompensas para mantener la motivación del perro y evitar la dependencia de un solo estímulo.

Mantener la motivación y el interés del perro a lo largo del proceso de entrenamiento también es fundamental. Una forma de lograrlo es a través de la construcción de sesiones de entrenamiento cortas y divertidas. Los perros tienen una capacidad limitada de atención, por lo que es importante evitar sesiones de entrenamiento demasiado largas y tediosas. En su lugar, realiza sesiones de entrenamiento de unos 10 a 15 minutos, varias veces al día. Esto mantendrá a tu perro interesado y motivado para seguir aprendiendo.

Además, también es importante incorporar juegos y actividades divertidas durante el entrenamiento. Esto no solo hará que el proceso sea más entretenido para tu perro, sino que también fortalecerá el vínculo entre ambos. Prueba jugar a buscar objetos o realizar juegos de olfato, que estimularán la mente y el cuerpo de tu perro mientras continúa aprendiendo.

En resumen, el refuerzo positivo es una poderosa herramienta de entrenamiento que nos permite fomentar comportamientos deseables en nuestros perros y fortalecer nuestra relación con ellos. Utiliza señales claras y consistentes, gradúa las recompensas y mantén la motivación del perro a lo largo del proceso. Recuerda que cada perro es único y puede tener preferencias individuales en cuanto a las recompensas. Al combinar estas estrategias, estarás en un buen camino para crear un vínculo sólido con tu perro y lograr un entrenamiento efectivo y positivo.

# Capítulo 6: Enseñando comandos básicos

El entrenamiento canino es una parte esencial en la vida de nuestros perros. No solo les brinda una estructura y disciplina adecuada, sino que también fortalece el vínculo entre el dueño y su fiel compañero. En este sentido, enseñar comandos básicos de forma amigable y sin violencia es fundamental para establecer una comunicación clara y efectiva.

Uno de los primeros comandos que debemos enseñar a nuestro perro es el de "sentarse". Este comando es muy útil en situaciones cotidianas, como cuando llegan visitas a casa o en momentos en los que necesitamos calmar a nuestro perro. Para enseñar este comando, utilizaremos refuerzos positivos como premios o palabras de elogio.

Para comenzar, elegiremos un lugar tranquilo y libre de distracciones para trabajar con nuestro perro. Con una golosina en la mano, la acercaremos al hocico de nuestra mascota y lentamente moveremos la golosina hacia arriba y hacia atrás de su cabeza. Esto hará que el perro levante la cabeza y, naturalmente, se siente. En el momento en que su trasero toque el suelo, diremos la palabra "sentado" y le daremos la golosina como recompensa.

Es importante repetir este ejercicio varias veces al día, manteniendo las sesiones cortas pero consistentes. Con el tiempo, nuestro perro asociará la palabra "sentado" con la acción de sentarse y no necesitará el estímulo de la golosina. Debemos tener paciencia y recordar que cada perro aprende a su propio ritmo.

Otro comando básico es el de "quedarse quieto". Este comando es especialmente útil cuando necesitamos que nuestro perro se mantenga en un lugar específico, como en la puerta de entrada o durante la hora de la comida. Para enseñar este comando, nuevamente utilizaremos refuerzos positivos y gradualmente aumentaremos la distancia y el tiempo de permanencia.

Comenzaremos con nuestro perro en posición de sentado. Le mostraremos la palma de nuestra mano abierta frente a su cara y diremos claramente la palabra "quieto". Si nuestro perro se mantiene en su lugar durante unos segundos, le daremos una recompensa y le elogiaremos. Con el tiempo, iremos aumentando gradualmente la distancia y el tiempo de permanencia antes de ofrecer la recompensa.

La clave para enseñar el comando de "quedarse quieto" radica en la paciencia y la consistencia. Debemos trabajar con nuestro perro en diferentes situaciones y entornos, asegurándonos de que comprenda que este comando se aplica en cualquier circunstancia.

Por último, hablemos del comando de "acudir a la llamada". Este es uno de los comandos más importantes para la seguridad de nuestro perro, ya que nos permite tener control sobre él en situaciones de peligro o cuando necesitamos que regrese a nuestro lado rápidamente.

Para enseñar este comando, utilizaremos nuevamente refuerzos positivos. Comenzaremos en un lugar tranquilo y sin distracciones, llamaremos a nuestro perro por su nombre y diremos claramente la palabra "aquí" o "ven". Cuando nuestro perro acuda a nuestra llamada, le recompensaremos con elogios entusiastas y premios.

Es esencial que siempre reforcemos positivamente cada vez que nuestro perro acuda a nuestra llamada. Esto le ayudará a asociar este comando con algo positivo y lo motivará a regresar a nuestro lado rápidamente. Además, debemos evitar llamar a nuestro perro para regañarlo o castigarlo, ya que esto generará confusión y puede afectar negativamente nuestra relación.

En resumen, enseñar comandos básicos a nuestro perro sin maltrato es posible y altamente recomendado. A través del uso de refuerzos positivos, como premios y elogios, podemos establecer una comunicación efectiva y fortalecer el vínculo con nuestra mascota. En el próximo capítulo exploraremos comandos más avanzados que nos permitirán llevar el entrenamiento a un nivel superior. ¡No te lo pierdas! Otro comando básico importante en el entrenamiento canino es el de "dejarlo". Este comando nos permite controlar y redirigir el comportamiento de nuestro perro cuando muestra interés en algo que no queremos que toque o se acerque. Enseñar este comando es esencial para evitar situaciones peligrosas o incómodas tanto para nuestro perro como para las personas que lo rodean.

Para enseñar el comando "dejarlo", necesitaremos identificar qué objeto o situación es el que genera el interés de nuestro perro. Puede ser una comida del suelo, un juguete o cualquier otro objeto. Comenzaremos por mostrarle el objeto de interés a nuestro perro, utilizando una correa o un sistema de sujeción segura para evitar que lo tome o se acerque.

Le diremos claramente la palabra "dejarlo" y mantendremos una actitud firme y decidida. Si nuestro perro intenta tomar el objeto o acercarse, usaremos el sonido de un beso o un chasquido para distraerlo y redirigir su atención hacia nosotros.

En el momento en que nuestro perro deje de mostrar interés en el objeto o se aleje, lo recompensaremos con elogios y una golosina. Es fundamental repetir este ejercicio en diferentes situaciones y con diversos objetos para que nuestro perro generalice correctamente el comando.

La clave para enseñar el comando "dejarlo" es la consistencia y la paciencia. Debemos asegurarnos de reforzar positivamente cada vez que nuestro perro obedezca el comando y evitar castigos físicos o verbales que puedan generar miedo o ansiedad en nuestra mascota.

Además de los comandos básicos mencionados anteriormente, existen otros que pueden resultar útiles en la vida diaria de nuestro perro. Uno de ellos es el de "quieto" o "no moverse". Este comando es especialmente útil en situaciones como cruzar una calle o en momentos en los que necesitamos que nuestro perro se quede en un lugar específico sin moverse.

Para enseñar este comando, es importante tener una comunicación clara y efectiva con nuestro perro. Comenzaremos por enseñarle a quedarse quieto en un lugar específico durante cortos periodos de tiempo. Le mostraremos la palma de nuestra mano abierta, utilizaremos la palabra "quieto" de manera firme y mantendremos una postura corporal que indique que queremos que se quede en su lugar.

Si nuestro perro se mantiene quieto, lo elogiaremos y recompensaremos con una golosina. Si intenta moverse, deberemos redirigir su atención hacia nosotros mediante sonidos o movimientos, y esperar a que se mantenga quieto para recompensarlo.

A medida que nuestro perro se vaya familiarizando con el comando y se quede quieto durante períodos más largos de tiempo, podremos ir aumentando gradualmente la distancia y las distracciones presentes en el entorno.

Es importante recordar que cada perro aprende a su propio ritmo y que la paciencia y la persistencia son clave para un entrenamiento exitoso. No debemos esperar resultados inmediatos, sino trabajar de manera constante y brindarle a nuestro perro el tiempo y el espacio necesarios para aprender.

En conclusión, el entrenamiento canino sin maltrato es fundamental para establecer un vínculo sólido y de confianza con nuestro perro. En el presente capítulo, hemos explorado diferentes herramientas y consejos para enseñar comandos básicos como "sentarse", "quedarse quieto" y "acudir a la llamada" de manera amigable y sin violencia.

Estos comandos nos permiten establecer una comunicación clara y efectiva con nuestro perro, fortaleciendo así nuestro vínculo y asegurando su seguridad en diferentes situaciones. Recuerda que el refuerzo positivo, como los premios y los elogios, son clave en el proceso de aprendizaje de nuestro perro.

En el próximo capítulo, daremos un paso más allá y exploraremos comandos más avanzados que nos permitirán llevar el entrenamiento a un nivel superior. ¡No te lo pierdas!

# Capítulo 7: Superando problemas de conducta

Es inevitable que los perros, al igual que los seres humanos, puedan experimentar problemas de conducta a lo largo de su vida. Estos problemas pueden variar en su intensidad y naturaleza, pero es esencial abordarlos de manera adecuada para garantizar un vínculo sólido y una convivencia armoniosa con nuestros fieles compañeros de cuatro patas.

En este capítulo, nos centraremos en comprender y abordar los problemas de conducta más frecuentes en los perros. Desde ladridos excesivos hasta agresividad y ansiedad por separación, exploraremos las raíces de estos comportamientos y proporcionaremos herramientas y consejos prácticos para superarlos de manera efectiva.

Comencemos hablando de los ladridos excesivos, un problema que puede resultar molesto tanto para los dueños como para los vecinos. Los perros tienden a ladrar como forma de expresión, comunicación y alerta, pero cuando estos ladridos se vuelven persistentes e incontrolables, pueden convertirse en un desafío. La clave para abordar este comportamiento es identificar la causa subyacente. ¿Tu perro ladra por aburrimiento, ansiedad, miedo o por la presencia de estímulos externos? Una vez que comprendas la raíz del problema, podrás implementar estrategias adecuadas para redirigir su energía y entrenarlo de manera positiva.

La agresividad es otro problema de conducta que debemos abordar con seriedad. Los perros pueden mostrar agresividad por diversas razones, como el miedo, la territorialidad o la falta de socialización adecuada. Es fundamental recordar que la agresión no es una característica innata de los perros, sino una respuesta aprendida. Para superar este desafío, es esencial trabajar con un profesional en comportamiento canino, quien te proporcionará técnicas de modificación de conducta y pautas de entrenamiento adaptadas a las necesidades específicas de tu perro. Recuerda que la paciencia y la consistencia son clave para ayudar a tu compañero a superar su agresividad y fortalecer el vínculo de confianza entre ambos.

La ansiedad por separación es otro problema común en los perros, especialmente aquellos que han sido adoptados o han experimentado cambios significativos en su entorno. Estos perros suelen desarrollar un miedo intenso a quedarse solos, lo que puede manifestarse a través de comportamientos destructivos, ladridos excesivos y salivación excesiva. Para ayudar a tu perro a superar la ansiedad por separación, es importante establecer una rutina estructurada, proporcionarle juguetes de enriquecimiento y trabajar gradualmente en su capacidad para estar solo, utilizando técnicas de desensibilización y contraparte.

Recuerda que cada perro es único y lo que funciona para un individuo puede no funcionar para otro. No temas buscar ayuda profesional si los problemas de conducta persisten o se intensifican. Los expertos en comportamiento canino están capacitados para proporcionar técnicas y enfoques adaptados a las necesidades específicas de tu perro.

En la segunda mitad de este capítulo, profundizaremos en estrategias avanzadas para abordar los problemas de conducta y te proporcionaremos consejos prácticos adicionales para fortalecer el vínculo con tu perro. Mantén la mente abierta y prepárate para descubrir nuevas formas de superar los desafíos que puedan surgir en el camino hacia una convivencia armoniosa con tu fiel amigo. ¡Continúa leyendo en la siguiente parte de este capítulo y descubre cómo fomentar un comportamiento positivo en tu perro y fortalecer aún más vuestro vínculo único! En la segunda mitad de este capítulo, nos adentraremos en estrategias más avanzadas para abordar los problemas de conducta en los perros, y te proporcionaremos más consejos prácticos para fortalecer vuestro vínculo y lograr una convivencia armoniosa.

Una de las estrategias fundamentales para superar los problemas de conducta en los perros es el refuerzo positivo. A través de este método de entrenamiento, se premian los comportamientos deseables y se ignoran o redirigen los comportamientos no deseados. Esto implica la utilización de recompensas, como golosinas, elogios y juegos, para motivar al perro a comportarse de manera adecuada. Al premiar los buenos comportamientos, el perro aprenderá rápidamente qué conductas son las que se esperan de él.

A su vez, es esencial establecer límites claros para el perro y ser coherente en su aplicación. Los perros necesitan tener una estructura y saber cuáles son las reglas a seguir. Esto implica establecer rutinas diarias, horarios de alimentación y paseos, así como también enseñarle comandos básicos de obediencia. Al proporcionarle un entorno predecible y consistente, el perro se sentirá seguro y sabrá qué se espera de él en cada situación.

Otra estrategia importante es el enriquecimiento ambiental. Los perros son animales activos y curiosos, y necesitan estimulación física y mental para mantenerse equilibrados. Proporcionarles juguetes interactivos, desafíos de olfato y actividades de búsqueda y rescate, les ayudará a canalizar su energía de manera positiva y a prevenir la aparición de problemas de conducta relacionados con el aburrimiento.

Además, es fundamental socializar al perro desde edades tempranas y de forma continua a lo largo de su vida. La socialización consiste en exponer al perro a distintos estímulos, personas y animales de manera segura y positiva. Esto le permitirá aprender a interactuar de forma adecuada y a desarrollar habilidades de comunicación, lo que reducirá el riesgo de problemas de conducta relacionados con el miedo y la agresividad.

En el caso de problemas de conducta más graves, como la agresividad o la ansiedad, es recomendable buscar la ayuda de un profesional en comportamiento canino. Ellos están capacitados para evaluar la situación de manera individualizada y proporcionar técnicas de modificación de conducta específicas para cada perro. Trabajar de la mano de un experto te brindará el apoyo necesario para superar los desafíos que puedan surgir en el camino.

Recuerda que cada perro es único y puede requerir un enfoque distinto. Lo más importante es tener paciencia, consistencia y comprensión. Con el tiempo y la dedicación adecuada, podrás superar los problemas de conducta y construir un vínculo sólido con tu perro.

A lo largo de este capítulo, hemos explorado los problemas de conducta más comunes en los perros y hemos proporcionado herramientas y consejos prácticos para superarlos. Esperamos que esta información te sea útil en tu camino hacia una convivencia armoniosa con tu fiel amigo.

Recuerda que la clave está en comprender las necesidades de tu perro, establecer límites claros, utilizar el refuerzo positivo, proporcionar enriquecimiento ambiental y socializar adecuadamente. Con estos elementos fundamentales, podrás superar los problemas de conducta y fortalecer el vínculo único que tienes con tu perro.

Gracias por acompañarnos en este capítulo y esperamos que estos consejos te sean de gran ayuda. ¡Continúa explorando y aprendiendo sobre el maravilloso mundo del entrenamiento canino sin maltrato!

# Capítulo 8: El poder de los premios y el juego

Se explorará la importancia de los premios y el juego en el entrenamiento canino, mostrando cómo utilizarlos efectivamente para motivar al perro y mantenerlo interesado en el proceso.

En el mundo del entrenamiento canino, dos herramientas sumamente poderosas se alzan como imprescindibles: los premios y el juego. Ambos elementos desempeñan un papel fundamental a la hora de fomentar un vínculo sólido entre el dueño y su perro, además de resultar clave para potenciar los resultados positivos en el proceso de adiestramiento. En este capítulo, exploraremos en detalle cómo utilizarlos de manera efectiva para motivar y mantener el interés del canino.

Comencemos hablando de los premios. Estos pueden variar desde pequeñas golosinas hasta elogios verbales o incluso la oportunidad de jugar con su juguete favorito. Lo importante es encontrar qué es lo que más motiva a nuestro compañero de cuatro patas, ya que no todos los perros se sienten incentivados por los mismos estímulos. Algunos pueden mostrarse más interesados en recibir premios comestibles, mientras que otros pueden preferir una caricia o una palabra de elogio.

La clave está en identificar qué recompensa es la más valiosa para nuestro perro y utilizarla de manera estratégica. Por ejemplo, cuando esté aprendiendo un nuevo comando, podemos reforzar su correcta ejecución otorgándole un premio que lo motive. De esta manera, asociará dicha acción con una experiencia positiva y se sentirá motivado a repetirla en el futuro. Es importante recordar que los premios deben ser entregados de manera inmediata, para que el perro pueda hacer una clara conexión entre su comportamiento y la recompensa recibida.

El juego, por otro lado, es una herramienta que también resulta muy efectiva a la hora de fomentar el vínculo y mantener al perro interesado en el entrenamiento. Los perros son animales con una gran energía y necesidad de actividad física y mental, por lo que el juego se convierte en una forma divertida de satisfacer sus instintos naturales. Además, el juego estimula su inteligencia y fortalece su confianza en nosotros como guías.

Existen diferentes tipos de juegos que pueden ser adaptados al entrenamiento. Por ejemplo, el juego de buscar y traer puede utilizarse para reforzar la obediencia o la respuesta a un determinado comando. También podemos utilizar juegos de olfato, donde ocultemos premios y enseñemos al perro a encontrarlos, estimulando así su capacidad de rastreo. Incluso los juegos de destreza, como el agility, no solo ayudan a mantener al perro en forma, sino que también lo desafían mentalmente y fortalecen su confianza en sí mismo.

La combinación de premios y juego resulta altamente efectiva en el entrenamiento canino. Al utilizar estos estímulos positivos, logramos que el perro se sienta motivado y emocionalmente conectado con nosotros, lo que facilita el proceso de aprendizaje y refuerzo de comportamientos deseados. Sin embargo, es importante tener en cuenta que el uso excesivo de premios o juegos puede crear dependencia y dificultar el progreso a largo plazo. Por ello, es fundamental encontrar un equilibrio y utilizar estas herramientas como parte de un sistema de entrenamiento integral.

En resumen, los premios y el juego son herramientas poderosas que nos permiten establecer un vínculo sólido con nuestro perro y potenciar su aprendizaje. Utilizados de manera estratégica, podemos motivar al canino y mantener su interés a lo largo del proceso de adiestramiento. En la segunda mitad de este capítulo, exploraremos algunas técnicas específicas para utilizar estos elementos de manera efectiva. ¡Prepárate para descubrir cómo llevar el entrenamiento canino al siguiente nivel! Una vez que comprendamos la importancia de los premios y el juego en el entrenamiento canino, es fundamental aprender a utilizar estos elementos de manera efectiva. En esta segunda mitad del capítulo, exploraremos algunas técnicas específicas que te ayudarán a maximizar su poder y potenciar el vínculo con tu perro.

En primer lugar, recordemos que los premios deben ser entregados de manera inmediata y precisa para que el perro pueda asociar claramente su comportamiento con la recompensa recibida. Además, es importante ser consistentes en el uso de los premios, es decir, recompensar siempre el comportamiento deseado y no pasar por alto ninguna oportunidad de refuerzo positivo. Esto ayudará a que el perro entienda rápidamente qué acciones son las que esperamos de él.

Para mantener al perro interesado en el proceso de entrenamiento, es recomendable variar los premios utilizados. Esto significa que no siempre debemos ofrecerle la misma golosina, palabra de elogio o juguete. Podemos hacer uso de una amplia gama de estímulos que motiven a nuestro compañero de cuatro patas. Por ejemplo, podemos ofrecerle una variedad de golosinas de diferentes sabores o texturas, utilizar juguetes interactivos que despierten su curiosidad o incluso introducir juegos de inteligencia que estimulen su capacidad de resolver problemas.

Otro aspecto importante a considerar es el tamaño de los premios. Si bien es importante ofrecer una recompensa que sea valorada por el perro, también debemos tener en cuenta que el exceso de comida puede llevar a problemas de peso o salud. Por lo tanto, es recomendable utilizar premios pequeños o trozos reducidos de golosinas para evitar un consumo excesivo.

Por otro lado, el juego también desempeña un papel fundamental en el entrenamiento canino. Además de proporcionar una forma divertida de satisfacer las necesidades de actividad física y mental de nuestro perro, el juego nos permite reforzar comportamientos deseados y fortalecer aún más el vínculo con nuestra mascota.

A la hora de utilizar el juego como herramienta de entrenamiento, es importante establecer reglas claras y consistentes. Por ejemplo, si estamos jugando al juego de buscar y traer, es necesario enseñarle al perro a soltar el objeto frente a nosotros para que podamos lanzarlo nuevamente. Del mismo modo, si estamos practicando el juego de básquetbol canino, donde el perro debe encestar una pelota en la canasta, debemos asegurarnos de que comprenda las señales y los comandos necesarios para realizar la acción.

La creatividad también juega un papel importante a la hora de introducir juegos novedosos en el entrenamiento. Podemos utilizar elementos que estén presentes en nuestro entorno, como sillas o conos, para crear circuitos o pistas de obstáculos. Además, podemos combinar el juego con otros comandos, como sentarse o acostarse, para fomentar la obediencia y la atención del perro en diferentes situaciones.

Recuerda que la paciencia y la consistencia son fundamentales en el proceso de entrenamiento. No esperes resultados inmediatos, ya que cada perro tiene su propio ritmo de aprendizaje. Con dedicación y práctica, lograrás establecer un vínculo sólido con tu perro y disfrutarás de los beneficios de un entrenamiento canino sin maltrato.

En conclusión, los premios y el juego son herramientas poderosas para el entrenamiento canino. Utilizados de manera efectiva, nos permiten motivar al perro y mantener su interés a lo largo del proceso de adiestramiento. Al combinarlos con paciencia, consistencia y creatividad, lograremos potenciar el vínculo con nuestro perro y alcanzar resultados positivos en su comportamiento. ¡Sigue explorando y descubrirás una gran variedad de técnicas y juegos que te ayudarán a llevar el entrenamiento canino al siguiente nivel!

# Capítulo 9: Entrenamiento canino para cachorros

En este capítulo se abordarán las particularidades del entrenamiento de cachorros y se ofrecerán consejos para establecer bases sólidas desde temprana edad.

Los cachorros, a medida que descubren el mundo, necesitan ser guiados de manera adecuada para convertirse en perros equilibrados y felices. El entrenamiento temprano es esencial para sentar las bases de una relación sólida con tu perro desde el principio.

Uno de los aspectos más importantes a considerar al entrenar a un cachorro es su corta capacidad de atención. Los cachorros suelen distraerse fácilmente y suelen tener dificultades para mantener la concentración durante largos periodos. Por lo tanto, es vital llevar a cabo sesiones de entrenamiento breves y frecuentes.

Durante las primeras etapas del entrenamiento, es fundamental establecer una rutina clara y consistente. Los cachorros aprenden mejor cuando se les proporciona un ambiente predecible, donde las reglas y expectativas son siempre las mismas. Esto les permite desarrollar un sentido de estabilidad y seguridad, facilitando así el proceso de aprendizaje.

En cuanto al tipo de entrenamiento que debes utilizar, es importante recordar que el refuerzo positivo es la metodología más efectiva y humanitaria. El uso de castigos o métodos coercitivos solo genera miedo o confusión en el cachorro, lo que puede tener consecuencias negativas en su comportamiento a largo plazo. En su lugar, enfócate en elogiar y recompensar cada vez que tu cachorro realice un comportamiento deseado.

Además del refuerzo positivo, el uso de señales verbales y gestuales claras es esencial para comunicarte eficazmente con tu cachorro. Estas señales deben ser consistentes y comprensibles para él, de manera que pueda asociarlas correctamente con cada comportamiento. Por ejemplo, utiliza la palabra "sentado" acompañada de un gesto para enseñarle a tu cachorro a sentarse.

Otro aspecto importante en el entrenamiento de cachorros es la socialización. Exponer a tu cachorro a diferentes ambientes, personas y otros perros desde una edad temprana contribuirá a su desarrollo social y emocional. Organiza encuentros controlados y positivos para que tu cachorro se acostumbre a diferentes situaciones y esté preparado para interactuar de forma segura con otros individuos.

Recuerda que el entrenamiento de cachorros requiere paciencia y constancia. Es normal que cometan errores o tengan retrocesos en el proceso de aprendizaje. En lugar de frustrarte, mantén la calma y refuerza los comportamientos correctos. Con el tiempo y la dedicación adecuada, tu cachorro se convertirá en un perro bien educado y equilibrado.

En la segunda mitad de este capítulo, profundizaremos en técnicas específicas de entrenamiento para cachorros, abordando temas como el aprendizaje del control de esfínteres, el establecimiento de límites y normas, y el manejo de comportamientos no deseados.

¡No te pierdas la segunda parte de este capítulo, donde te brindaremos herramientas y consejos adicionales para potenciar el éxito en el entrenamiento de tu cachorro!

Continuará...En la segunda mitad de este capítulo, profundizaremos en técnicas específicas de entrenamiento para cachorros, abordando temas como el aprendizaje del control de esfínteres, el establecimiento de límites y normas, y el manejo de comportamientos no deseados.

El control de esfínteres es uno de los aspectos fundamentales en el entrenamiento de los cachorros. A medida que tu cachorro crezca, deberá aprender a hacer sus necesidades en el lugar adecuado. Para lograr esto, es importante establecer una rutina regular de salidas al baño y recompensar a tu cachorro cada vez que haga sus necesidades en el lugar apropiado. Ten en cuenta que los cachorros tienen una capacidad limitada para controlar su vejiga y sus intestinos, por lo que paciencia y consistencia serán clave durante este proceso.

El establecimiento de límites y normas es otro aspecto esencial en el entrenamiento de cachorros. Tu cachorro necesita comprender qué comportamientos son aceptables y cuáles no lo son. Para lograrlo, es importante establecer reglas claras desde el principio y ser constante en su aplicación. Utiliza comandos simples como "no" o "quieto" para corregir comportamientos indeseados, y premia y refuerza positivamente los buenos comportamientos.

Es importante tener en cuenta que el manejo de comportamientos no deseados debe ser siempre basado en el refuerzo positivo y nunca en el castigo. Si tu cachorro muestra un comportamiento no deseado, redirige su atención hacia un comportamiento deseado y refuérzalo positivamente. Por ejemplo, si tu cachorro está mordiendo objetos inapropiados, dale un juguete adecuado para que lo muerda y elógialo cuando lo haga. Recuerda que el refuerzo positivo es mucho más efectivo y menos perjudicial que el castigo.

La socialización continua también es fundamental en el entrenamiento de cachorros. A medida que tu cachorro crezca, es importante seguir exponiéndolo a diferentes personas, animales y situaciones para que se sienta cómodo y confiado en diferentes entornos. Organiza encuentros positivos y controlados con otros perros y personas amigables para que tu cachorro aprenda a interactuar adecuadamente.

Al entrenar a tu cachorro, es importante recordar que el proceso requiere paciencia y consistencia. Los resultados no serán inmediatos, pero con el tiempo y la dedicación adecuada, tu cachorro se convertirá en un perro bien educado y equilibrado. No te desanimes ante los retrocesos o errores, simplemente redirige y refuerza positivamente los comportamientos correctos.

En conclusión, el entrenamiento de cachorros es fundamental para establecer una base sólida desde una edad temprana. Utiliza técnicas basadas en el refuerzo positivo, establece límites y normas claras, y socializa a tu cachorro de manera adecuada. Recuerda que cada cachorro es único y puede requerir enfoques diferentes, por lo que es importante adaptar el entrenamiento a las necesidades individuales de tu perro.

Esperamos que esta segunda mitad del capítulo sobre entrenamiento canino para cachorros te haya brindado herramientas y consejos adicionales para potenciar el éxito en el entrenamiento de tu perro. Recuerda que establecer una relación sólida desde temprana edad es clave para criar un perro equilibrado y feliz. ¡Continúa practicando y disfrutando del proceso de entrenamiento con tu cachorro!

Capítulo 10: Adaptación a la vida urbana

La vida en la ciudad puede presentar desafíos únicos para nuestros leales compañeros caninos. A medida que las áreas urbanas se vuelven más densamente pobladas y ruidosas, es esencial ayudar a nuestros perros a adaptarse a este entorno en constante movimiento. En este capítulo, exploraremos estrategias y técnicas para facilitar la adaptación de nuestros perros a la vida en la ciudad, incluyendo el manejo del ruido, el tráfico y el encuentro con otros perros y personas.

Uno de los primeros aspectos a considerar al ayudar a nuestro perro a adaptarse a la vida urbana es el manejo del ruido. Las ciudades están llenas de sonidos que pueden resultar abrumadores para nuestros amigos peludos. Desde el tráfico constante hasta las sirenas de los vehículos de emergencia, nuestros perros pueden sentirse ansiosos y estresados por estos ruidos. Para ayudarlos a acostumbrarse, es importante exponer gradualmente a nuestros perros a estos sonidos urbanos. Podemos hacerlo llevándolos a pasear por zonas más transitadas poco a poco, recompensándolos por su buen comportamiento y brindándoles un refugio seguro cuando lo necesiten.

El tráfico es otro desafío al que se enfrentan nuestros perros en la vida urbana. Las calles concurridas, los cruces peatonales y los vehículos en movimiento constante pueden ser peligrosos si nuestros perros no están habituados a ellos. Es fundamental enseñarles a caminar junto a nosotros sin tirar de la correa y a obedecer las señales de parar y cruzar. El entrenamiento de obediencia básica es esencial en estos casos. También podemos utilizar refuerzos positivos y recompensas para fomentar un comportamiento seguro mientras caminamos por la ciudad.

El encuentro con otros perros y personas es común en la vida urbana, y es necesario enseñar a nuestros perros cómo interactuar adecuadamente en estos contextos. Algunos perros pueden sentir ansiedad o miedo al encontrarse con extraños o con otros perros desconocidos. Es importante socializar a nuestros perros desde una edad temprana, exponiéndolos a diferentes situaciones y proporcionándoles experiencias positivas.

También podemos utilizar técnicas de refuerzo positivo para premiar el buen comportamiento y fomentar interacciones amigables.

Además de las estrategias mencionadas, existen herramientas que pueden facilitar la adaptación de nuestros perros a la vida urbana. Los arneses anti-tirones pueden ayudarnos a controlar mejor los paseos y reducir la tensión en la correa. Los juguetes interactivos y los juegos de búsqueda pueden ayudar a nuestros perros a mantenerse mentalmente estimulados en entornos urbanos. También debemos asegurarnos de proporcionarles un espacio seguro en nuestro hogar donde puedan relajarse y descansar del ajetreo de la ciudad.

En resumen, adaptar a nuestros perros a la vida urbana requiere tiempo, paciencia y dedicación. El manejo del ruido, el tráfico y los encuentros con otros perros y personas son aspectos clave a considerar. Utilizando técnicas de socialización, entrenamiento y refuerzo positivo, podemos ayudar a nuestros fieles compañeros a sentirse más seguros y cómodos en este entorno urbano. Los perros son seres adaptables, y con el apoyo adecuado, pueden disfrutar de una vida plena y feliz en la ciudad.

(Sin conclusión o resumen) Los perros son animales sociales por naturaleza, por lo que es fundamental que aprendan a interactuar de manera adecuada con otros perros y personas en la vida urbana. En esta segunda mitad del capítulo, exploraremos algunas técnicas y recomendaciones para ayudar a nuestros perros a socializar y comportarse adecuadamente en la ciudad.

Una de las primeras cosas que debemos tener en cuenta es la importancia de la socialización temprana. Exponer a nuestros perros a diferentes situaciones, lugares y personas desde una edad temprana les brinda la oportunidad de familiarizarse y sentirse cómodos en entornos urbanos. Podemos llevar a nuestros cachorros a parques, plazas o lugares concurridos donde puedan conocer y relacionarse con otros perros y personas. Es fundamental asegurarse de que estas interacciones sean positivas y seguras, evitando cualquier situación que pueda generar estrés o miedo en nuestros perros.

Además de la socialización temprana, también es importante enseñar a nuestros perros a comportarse correctamente ante la presencia de otros perros y personas. El entrenamiento de obediencia básica puede ser de gran ayuda en este sentido. Enseñar a nuestro perro comandos como "sentado", "quieto" o "dejarlo" nos permitirá mantener un control adecuado durante los paseos y evitar situaciones potencialmente peligrosas. También es fundamental enseñarles a caminar junto a nosotros sin jalar de la correa, lo que facilitará la interacción con otros perros y personas.

El refuerzo positivo es otra herramienta clave en el entrenamiento de nuestros perros para la vida en la ciudad. A través de recompensas como golosinas, elogios o juegos, podemos fomentar y premiar el buen comportamiento de nuestros perros. Por ejemplo, si durante un paseo nuestro perro se muestra tranquilo y relajado al cruzarse con otro perro, podemos recompensarlo con una golosina o palabras de elogio. Esto refuerza positivamente su buen comportamiento y los motiva a repetirlo en el futuro.

Es importante recordar que cada perro es único y puede tener diferentes niveles de sociabilidad o tolerancia hacia otros perros y personas. Algunos perros pueden sentir ansiedad o miedo en situaciones de interacción social, por lo que es fundamental respetar sus límites y no presionarlos a relacionarse si no se sienten cómodos. Si notamos que nuestro perro se muestra incómodo o temeroso, es importante buscar la ayuda de un adiestrador profesional para abordar estas situaciones de manera adecuada.

Además de las estrategias de socialización y entrenamiento, existen algunas pautas generales que podemos seguir para ayudar a nuestros perros a adaptarse a la vida en la ciudad. Por ejemplo, es importante establecer una rutina diaria de paseos y ejercicios físicos para que nuestros perros puedan liberar energía y mantenerse equilibrados. Asimismo, debemos proporcionarles un espacio seguro en nuestro hogar donde puedan descansar y relajarse después de un día lleno de estímulos urbanos.

En conclusión, la adaptación de nuestros perros a la vida urbana requiere tiempo, paciencia y dedicación. Mediante técnicas de socialización, entrenamiento y refuerzo positivo, podemos ayudar a nuestros fieles compañeros a desarrollar habilidades sociales y comportamientos adecuados en entornos urbanos. Sin embargo, es importante recordar que cada perro es único y puede tener diferentes necesidades y limitaciones. Siempre debemos respetar y adaptar nuestras estrategias de acuerdo a las características individuales de nuestro perro. Con el apoyo adecuado, nuestros perros pueden disfrutar de una vida plena y feliz en la ciudad.

Capítulo 11: El papel de la socialización

En este capítulo se destacará la importancia de la socialización adecuada para un perro equilibrado, mostrando cómo llevar a cabo esta etapa de forma efectiva y sin maltrato. La socialización es una de las bases fundamentales en el desarrollo de un perro, ya que le permite adaptarse adecuadamente y relacionarse de forma positiva con su entorno y otros individuos.

La socialización comienza desde temprana edad, durante la etapa de cachorro, y continúa a lo largo de toda la vida del perro. Durante esta etapa, es crucial exponer al cachorro a una amplia variedad de estímulos, como diferentes personas, animales, entornos y situaciones. Esta exposición gradual y controlada le ayudará a aprender a sentirse cómodo y seguro en diferentes contextos, evitando así el desarrollo de miedos y comportamientos indeseados en el futuro.

Es importante entender que la socialización no se trata únicamente de presentar al perro a situaciones nuevas, sino de asegurarse de que tenga una buena experiencia en ellas. Esto implica utilizar técnicas de refuerzo positivo, recompensando al perro por su buen comportamiento y ofreciéndole un entorno seguro en el que pueda explorar y aprender.

Uno de los aspectos esenciales de la socialización es la interacción con otros perros. Permitir que tu perro juegue y se relacione con otros individuos de su especie le ayuda a desarrollar habilidades sociales y aprender a comunicarse adecuadamente. Sin embargo, es importante supervisar estas interacciones para evitar situaciones de estrés, conflicto o agresión. Es recomendable buscar espacios seguros y controlados, como parques para perros, donde los animales puedan socializar de forma segura.

Además de la interacción con otros perros, es fundamental exponer al perro a diferentes personas, tanto adultos como niños. Esto le permitirá aprender a relacionarse de forma adecuada con las personas, evitando el desarrollo de miedos o agresividad hacia ellos. Puedes invitar a amigos y familiares a tu hogar o llevar a tu perro a lugares frecuentados por personas para que se acostumbre a su presencia y sepa comportarse de manera educada.

La exposición a diferentes entornos y situaciones también es esencial en la socialización de tu perro. Pasearlo por diferentes calles, parques, tiendas y lugares públicos le ayudará a familiarizarse con diferentes estímulos, ruidos, olores y personas. Asegúrate de que estas experiencias sean positivas y gratificantes para tu perro, recompensándolo por su buen comportamiento y evitando situaciones que puedan generarle estrés o ansiedad.

Recuerda que cada perro es único y puede tener diferentes niveles de sensibilidad y reacciones a los estímulos. Es importante respetar el ritmo y las necesidades individuales de cada perro durante el proceso de socialización. Algunos perros pueden requerir un enfoque más gradual y lento, mientras que otros pueden ser más abiertos y receptivos desde el principio. Observa a tu perro atentamente y ajusta la socialización según sus señales y necesidades.

En resumen, la socialización adecuada es fundamental para el desarrollo de un perro equilibrado. Exponerlo de forma gradual y positiva a diferentes estímulos, personas y situaciones le ayudará a adaptarse y relacionarse de manera adecuada con su entorno. Recuerda utilizar técnicas de refuerzo positivo y ofrecer un entorno seguro y gratificante para tu perro durante este proceso. El siguiente capítulo profundizará en cómo abordar los retos y aspectos clave de la socialización de tu perro.

Una parte crucial de la socialización de tu perro es la exposición a diferentes estímulos sonoros. Los perros tienen un oído mucho más sensible que el nuestro, por lo que es importante que se acostumbren a una variedad de ruidos desde temprana edad. Esto incluye el sonido de electrodomésticos, vehículos, fuegos artificiales, tormentas y otros sonidos comunes en la vida diaria. Puedes utilizar grabaciones de sonidos o buscar oportunidades para que tu perro se acostumbre a estos ruidos de manera gradual y positiva. Recuerda recompensar a tu perro por su buen comportamiento y mantener un ambiente tranquilo y seguro durante estas experiencias.

Otro aspecto esencial de la socialización es enseñarle a tu perro a relacionarse correctamente con diferentes animales, no solo perros. Esto incluye animales de granja, gatos, aves y otros animales que puedan encontrarse en su entorno. La exposición controlada y gradual a estos animales le ayudará a aprender a comportarse de manera adecuada y evitar comportamientos indeseados, como perseguir o acosar. Recuerda siempre supervisar estas interacciones para prevenir situaciones de estrés o peligro tanto para tu perro como para los demás animales.

Durante la socialización, es importante fomentar la interacción de tu perro con diferentes personas de todas las edades, incluyendo a los niños. Los niños pueden ser impredecibles en su comportamiento y los perros necesitan aprender a relacionarse de manera adecuada con ellos. Enséñale a tu perro a ser paciente y tranquilo en presencia de niños, y supervisa siempre las interacciones para evitar accidentes o situaciones de estrés. Recuerda que tanto los niños como los perros deben aprender a respetarse mutuamente y a entender las señales de cada uno.

El adiestramiento en obediencia también forma parte importante de la socialización de tu perro. Enseñarle comandos básicos como "sentado", "quieto", "ven" y "dejarlo" le ayudará a mantener un comportamiento educado y seguro en diferentes situaciones. Utiliza siempre técnicas de refuerzo positivo, como recompensas y elogios, para incentivar el buen comportamiento de tu perro. Evita el uso de métodos violentos o coercitivos, ya que esto puede generar miedo y ansiedad en tu mascota, debilitando la relación de confianza que has construido con él.

Para mantener el vínculo sólido que has creado con tu perro a través de la socialización, es importante seguir fortaleciéndolo a lo largo de su vida. Continúa exponiéndolo a nuevos estímulos, personas y situaciones de manera positiva. Participa en actividades como caminatas, excursiones, juegos y clases grupales para que tu perro tenga la oportunidad de interactuar y socializar con otros perros y personas. Esto fomentará su confianza y habilidades sociales, y ayudará a evitar problemas de comportamiento en el futuro.

Recuerda que cada perro es único y tiene diferentes necesidades de socialización. Algunos perros pueden requerir un mayor trabajo en esta área, especialmente si han tenido experiencias negativas en el pasado. Sé paciente y comprensivo con tu perro, dándole el tiempo y el espacio que necesita para adaptarse a nuevas situaciones.

En resumen, la socialización adecuada es fundamental para el desarrollo de un perro equilibrado. A través de exposiciones graduales, positivas y controladas a una variedad de estímulos, personas, animales, entornos y situaciones, ayudarás a tu perro a adaptarse y relacionarse de manera adecuada con su entorno. Utiliza técnicas de refuerzo positivo y ofrece un entorno seguro y gratificante para tu perro durante todo el proceso de socialización. Estas bases sólidas sentarán los cimientos para una relación duradera y pacífica entre tú y tu fiel compañero canino.

¡Comienza a construir esa relación sólida y armoniosa con tu perro desde ahora mismo a través de una socialización adecuada!

# Capítulo 12: Entrenamiento avanzado y trucos

En este capítulo, exploraremos técnicas y ejercicios para llevar el entrenamiento canino a un nivel más avanzado, así como para enseñar trucos divertidos y estimulantes para el perro. A medida que fortalecemos el vínculo entre tú y tu mascota, es importante continuar desafiándolos y ofreciéndoles nuevas oportunidades de aprendizaje.

Uno de los aspectos clave del entrenamiento avanzado es la capacidad de tu perro para seguir comandos a distancia. Esto es especialmente útil en situaciones en las que necesitas que tu perro obedezca desde lejos, como en parques o áreas al aire libre. Para enseñarle a tu perro a responder a órdenes a distancia, puedes utilizar una correa larga y una señal verbal clara. Comienza practicando en un espacio abierto y poco distractor, luego ve aumentando la distancia gradualmente.

Además del entrenamiento a distancia, también puedes enseñar a tu perro comandos más complejos. Un ejemplo de esto es el "silencio" o "calla". Muchos perros tienden a ladrar en exceso, y enseñarles a detenerse cuando se les pide puede ser muy útil. Para hacerlo, espera a que tu perro ladre y luego dile "silencio" de manera firme pero calmada. Recompénsalo con una golosina o elogios cuando se detenga. Repite este ejercicio regularmente hasta que asocien la palabra "silencio" con la acción de dejar de ladrar.

El entrenamiento avanzado también implica enseñar trucos divertidos y estimulantes para tu perro. Estos trucos no solo son entretenidos para ambos, sino que también pueden ayudar a mantener a tu perro mentalmente activo. Uno de los trucos más populares es el "dar la pata" o "saludar". Para enseñarle este truco a tu perro, primero debes asegurarte de que responda al comando básico de "sentado". Una vez que haya dominado esto, sostén una golosina en tu mano cerrada y acércala a tu perro. Cuando intente golpearla con su pata, dale la golosina y elógialo. Repite este ejercicio gradualmente quitando la golosina de tu mano y diciendo "da la pata".

Otro truco muy divertido es "rodar". Puedes enseñar a tu perro a rodar sobre su espalda utilizando una señal verbal y una golosina como incentivo. Comienza por hacer que tu perro se acueste y luego dile "rueda" mientras giras lentamente tu mano en círculos sobre su cabeza. Cuando intente rodar sobre su espalda, recompénsalo con una golosina y elógialo. A medida que practiques, podrás reducir gradualmente la señal manual, hasta que tu perro responda solo al comando verbal.

Recuerda que el entrenamiento canino avanzado y la enseñanza de trucos requieren tiempo, paciencia y consistencia. No te desanimes si tu perro necesita más tiempo para comprender algunos comandos o trucos. Cada perro es único, y algunos pueden aprender más rápido que otros. Mantén las sesiones de entrenamiento cortas y positivas, y recuerda recompensar y elogiar a tu perro por sus logros.

En resumen, en este capítulo hemos explorado algunas técnicas y ejercicios para llevar el entrenamiento canino a un nivel más avanzado, así como para enseñar trucos divertidos y estimulantes para tu perro. Hemos visto la importancia de entrenar a distancia y la utilidad de enseñar comandos más complejos, como el "silencio". Además, hemos descubierto cómo enseñar trucos como "dar la pata" y "rodar". En la próxima parte de este capítulo, continuaremos explorando más técnicas y trucos emocionantes para seguir fortaleciendo la conexión entre tú y tu perro. ¡No te lo pierdas!

Uno de los aspectos clave del entrenamiento avanzado es la capacidad de tu perro para seguir comandos a distancia. Una vez que hayas logrado que tu perro obedezca comandos básicos, como "sentado" y "quieto", puedes avanzar a un nivel superior enseñándole a responder a órdenes a distancia. Este tipo de entrenamiento es especialmente útil en situaciones en las que necesitas que tu perro obedezca desde lejos, como en parques o áreas al aire libre.

Para entrenar a tu perro a seguir comandos a distancia, puedes utilizar una correa larga y una señal verbal clara. Comienza practicando en un espacio abierto y poco distractor, y asegúrate de tener algunas golosinas o recompensas a mano. Dile a tu perro que se siente y luego camina hacia atrás mientras das un comando verbal, como "ven" o "aquí". Si tu perro te sigue, dale una recompensa y elógialo.

A medida que vayas practicando, ve aumentando gradualmente la distancia entre tú y tu perro. Recuerda recompensarlo y elogiarlo cada vez que te obedezca. Si en algún momento tu perro no parece entender el comando, retrocede un paso y practica un poco más antes de avanzar. La paciencia y la consistencia son clave para lograr buenos resultados en el entrenamiento a distancia.

Además del entrenamiento a distancia, también puedes enseñar a tu perro comandos más complejos. Un ejemplo de esto es el "silencio" o "calla". Muchos perros tienden a ladrar en exceso, y enseñarles a detenerse cuando se les pide puede ser muy útil.

Para enseñarle a tu perro el comando "silencio", espera a que ladre y luego dile "silencio" de manera firme pero calmada. Al mismo tiempo, puedes usar una señal con la mano, como hacer un gesto de silencio. Inmediatamente después de que tu perro se detenga, recompénsalo con una golosina y elógialo. Repite este ejercicio regularmente hasta que tu perro asocie la palabra "silencio" con la acción de dejar de ladrar.

El entrenamiento avanzado también implica enseñar trucos divertidos y estimulantes para tu perro. Estos trucos no solo son entretenidos para ambos, sino que también pueden ayudar a mantener a tu perro mentalmente activo.

Un truco muy popular y divertido es el "dar la pata" o "saludar". Para enseñarle este truco a tu perro, primero debes asegurarte de que responda correctamente al comando básico de "sentado". Una vez que tu perro sepa sentarse, sostén una golosina en tu mano cerrada y acércala a tu perro.

Cuando intente golpearla con su pata, dale la golosina y elógialo. Repite este ejercicio gradualmente quitando la golosina de tu mano y diciendo "da la pata". Eventualmente, tu perro debería aprender a levantar su pata para saludar.

Otro truco muy divertido es "rodar". Puedes enseñar a tu perro a rodar sobre su espalda utilizando una señal verbal y una golosina como incentivo. Comienza por hacer que tu perro se acueste, luego dile "rueda" mientras giras lentamente tu mano en círculos sobre su cabeza. Cuando tu perro intente rodar sobre su espalda, recompénsalo con una golosina y elógialo. A medida que practiques, podrás reducir gradualmente la señal manual, hasta que tu perro responda solo al comando verbal.

Recuerda que el entrenamiento canino avanzado y la enseñanza de trucos requieren tiempo, paciencia y consistencia. No te desanimes si tu perro necesita más tiempo para comprender algunos comandos o trucos. Cada perro es único, y algunos pueden aprender más rápido que otros.

Mantén las sesiones de entrenamiento cortas y positivas, y recuerda recompensar y elogiar a tu perro por sus logros. A medida que fortaleces el vínculo entre tú y tu perro a través del entrenamiento avanzado, verás cómo su confianza y obediencia se fortalecen también.

En resumen, en este capítulo hemos explorado técnicas y ejercicios para llevar el entrenamiento canino a un nivel más avanzado y enseñar trucos divertidos y estimulantes para tu perro. Hemos aprendido la importancia del entrenamiento a distancia y cómo enseñar comandos más complejos, como el "silencio". También hemos descubierto cómo enseñar trucos como "dar la pata" y "rodar". Continuar avanzando en el entrenamiento canino requiere tiempo y dedicación, pero los resultados valen la pena. Sigue practicando y explorando nuevas formas de fortalecer tu vínculo con tu perro a través del entrenamiento. ¡No te pierdas las próximas secciones de este capítulo, donde exploraremos más técnicas y trucos emocionantes!

# Capítulo 13: El manejo de situaciones estresantes

A lo largo de la vida de nuestros queridos perros, nos encontramos con situaciones que pueden generarles estrés y ansiedad. Es importante que como dueños responsables estemos preparados para ayudarles a manejar estas situaciones de la mejor manera posible. En este capítulo, proporcionaremos consejos y herramientas para que puedas acompañar a tu perro durante momentos estresantes y fortalecer el vínculo que tienes con él.

Una de las situaciones que pueden generar estrés en los perros son las visitas al veterinario. Muchos perros sienten miedo o ansiedad al ser examinados por personas desconocidas o al experimentar procedimientos médicos. Para ayudar a tu perro a manejar esta situación, es importante trabajar en su socialización desde una edad temprana. Exponerlo a diferentes ambientes y permitirle interactuar con personas y otros perros de manera positiva puede reducir su ansiedad en el consultorio veterinario. Además, durante la visita, asegúrate de mantener la calma y transmitirle tranquilidad a tu perro, pues ellos pueden percibir nuestras emociones.

Otra situación estresante para muchos perros son los fuegos artificiales. El ruido fuerte y repentino puede asustarlos y generarles mucha ansiedad. Para ayudar a tu perro a superar este miedo, es recomendable acostumbrarlo gradualmente a los sonidos similares a los fuegos artificiales. Puedes utilizar grabaciones de estos sonidos a un volumen bajo y recompensar a tu perro con premios cada vez que esté tranquilo. Con el tiempo, puedes aumentar el volumen y seguir premiándolo por su comportamiento calmado. Además, crear un espacio seguro en tu hogar donde tu perro pueda refugiarse durante los fuegos artificiales, como un cuarto a prueba de sonidos, puede ser de gran ayuda para reducir su estrés.

Los encuentros con perros agresivos también pueden resultar muy estresantes para tu perro y para ti como responsable. En estos casos, es fundamental ser proactivo y evitar situaciones que puedan desencadenar conflictos. Mantener a tu perro con correa en lugares públicos, evitar enfrentamientos directos con perros desconocidos y prestar atención a las señales de incomodidad de tu perro pueden ayudar a prevenir situaciones estresantes. Sin embargo, si te encuentras en una situación donde tu perro está enfrentando a un perro agresivo, es importante mantener la calma y tratar de alejar a tu perro de forma segura sin utilizar la violencia. Puedes intentar distraer a tu perro con comandos y premios para que se enfoque en ti y puedas retirarlo del lugar.

Manejar situaciones estresantes con tu perro puede ser desafiante, pero recuerda que tú eres su apoyo y guía. Con paciencia, dedicación y las herramientas adecuadas, podrás ayudarlo a superar sus miedos y disfrutar de una vida más tranquila y feliz. En la segunda parte de este capítulo, exploraremos otras estrategias y consejos para enfrentar diferentes situaciones estresantes que puedan presentarse en la vida de tu perro. ¡Prepárate para descubrir nuevas técnicas! En la segunda parte de este capítulo, exploraremos otras estrategias y consejos para enfrentar diferentes situaciones estresantes que pueden presentarse en la vida de tu perro. Continuemos ayudándote a manejar estas situaciones de manera efectiva para fortalecer el vínculo con tu perro.

Una situación estresante común para muchos perros es el viaje en automóvil. Algunos perros pueden sentir ansiedad o mareo durante los trayectos, lo cual puede afectar su bienestar. Para hacer de los viajes en automóvil una experiencia más agradable para tu perro, es importante acostumbrarlo desde cachorro. Comienza con viajes cortos y aplica técnicas de refuerzo positivo, como premiarlo con golosinas cuando muestre un comportamiento tranquilo. Además, puedes crear un espacio cómodo en el automóvil donde tu perro se sienta seguro, como una cama acolchada o una jaula de transporte. Esto le brindará un lugar familiar y seguro durante el viaje.

Otra situación estresante para muchos perros puede ser la llegada de un nuevo miembro a la familia, ya sea un bebé o un nuevo perro. Es importante preparar a tu perro para estos cambios gradualmente, permitiéndole acostumbrarse al olor y sonidos asociados con el nuevo miembro de la familia. Puedes realizar sesiones de entrenamiento especiales, donde refuerces el buen comportamiento de tu perro cuando está cerca del nuevo miembro. Además, asegúrate de dedicar tiempo individual a tu perro para evitar que sienta celos o abandono.

El trueno y los relámpagos durante una tormenta pueden generar mucha ansiedad en los perros. Para ayudar a tu perro a sobrellevar estas situaciones, es esencial crear un ambiente seguro y confortable en tu hogar. Puedes establecer un espacio donde tu perro se sienta protegido, como una habitación aislada con música suave o sonidos relajantes. Además, puedes utilizar técnicas de desensibilización para acostumbrarlo gradualmente a los ruidos de la tormenta. Reproducir grabaciones de tormentas a un volumen bajo y recompensar a tu perro por mantener la calma puede ser de gran ayuda.

Las visitas de amigos o familiares a tu hogar también pueden resultar estresantes para tu perro, especialmente si no está acostumbrado a la presencia de extraños. Para que tu perro se sienta más cómodo en estas situaciones, es importante socializarlo desde una edad temprana. Exponlo a diferentes personas y entornos de manera gradual y positiva. Además, durante las visitas, permite que tu perro tenga un espacio propio donde pueda retirarse si se siente abrumado. Bríndale una cama o una zona tranquila donde pueda relajarse y descansar.

Finalmente, es crucial recordar que cada perro es único y puede reaccionar de manera diferente a las situaciones estresantes. Observa el comportamiento de tu perro y busca señales de estrés, como temblores, jadeo excesivo o lenguaje corporal tenso. En caso de que tu perro presente una reacción severa a una situación estresante, es recomendable buscar la ayuda de un profesional en comportamiento canino. Ellos podrán evaluar la situación y brindarte estrategias específicas para ayudar a tu perro.

Recuerda que el manejo de situaciones estresantes con tu perro requiere paciencia, comprensión y empatía. Utiliza las herramientas y consejos proporcionados en este capítulo para crear un ambiente positivo y seguro para tu perro, fortaleciendo así el vínculo entre ustedes dos. Juntos, podrán superar cualquier obstáculo y disfrutar de una vida feliz y tranquila. Continúa educándote y aprendiendo sobre cómo brindarle el mejor cuidado a tu compañero peludo. ¡Tu perro te lo agradecerá con amor y lealtad incondicional!

Capítulo 14: El papel de la paciencia y la consistencia

El entrenamiento canino es un proceso que requiere tiempo, dedicación y, sobre todo, paciencia y consistencia por parte del dueño. Estas dos cualidades son fundamentales para establecer una comunicación efectiva con nuestra mascota y lograr resultados positivos en su educación.

La paciencia es una virtud que nos permite entender que cada perro tiene su propio ritmo de aprendizaje. Algunos pueden aprender rápidamente nuevos comandos y comportamientos, mientras que otros pueden necesitar más tiempo para asimilar las enseñanzas. Es importante recordar que cada animal es único y tiene sus propias capacidades y desafíos.

Cuando estamos impacientes durante el entrenamiento canino, podemos generar estrés y frustración tanto en nosotros mismos como en nuestro perro. Esto puede obstaculizar el proceso de aprendizaje y dificultar la construcción de un vínculo sólido. Una actitud tranquila y comprensiva nos permitirá transmitir confianza y seguridad a nuestro compañero canino, fomentando así un ambiente propicio para el aprendizaje.

Además de la paciencia, la consistencia es otra pieza clave en el entrenamiento canino sin maltrato. Ser consistentes implica establecer reglas claras y aplicarlas de manera constante. Esto significa que debemos usar los mismos comandos, gestos y recompensas en cada sesión de entrenamiento. Si cambiamos constantemente nuestra forma de comunicarnos con el perro, esto generará confusión y dificultará su aprendizaje.

La consistencia no solo se refiere al uso de comandos y recompensas, sino también a la forma en que manejamos las diferentes situaciones. Por ejemplo, si queremos que nuestro perro aprenda a no saltar sobre las visitas, debemos ser consistentes en no permitirle hacerlo, ya sea en nuestra presencia o en ausencia de otras personas. Si a veces lo regañamos y otras veces lo consentimos, estaremos enviando mensajes contradictorios y el perro no entenderá claramente lo que se espera de él.

Ser consistentes en nuestras acciones y en la aplicación de las reglas es esencial para que nuestro perro comprenda lo que se espera de él y pueda establecer un vínculo sólido con nosotros. La coherencia en el entrenamiento canino ayuda a generar confianza y seguridad en nuestra mascota, lo cual resulta fundamental para su bienestar emocional y su desarrollo saludable.

Es importante destacar que la paciencia y la consistencia no se limitan solo al tiempo de entrenamiento. Estas cualidades deben estar presentes en todas nuestras interacciones con nuestro perro. Cada acción que tomamos en su presencia es una oportunidad para reforzar los comportamientos deseados y corregir aquellos que no lo son. Debemos recordar que somos modelos para nuestro perro, y la forma en que actuamos y nos comunicamos con él tiene un impacto directo en su comportamiento.

En el próximo capítulo, exploraremos estrategias adicionales que nos permitirán desarrollar aún más la paciencia y la consistencia en nuestro entrenamiento canino. Aprenderemos cómo mantener una actitud positiva y ser un modelo confiable para nuestro perro, además de descubrir herramientas y consejos prácticos para fortalecer el vínculo entre nosotros y nuestra mascota. No te pierdas la segunda parte de este interesante capítulo, donde profundizaremos en estos aspectos clave del entrenamiento canino sin maltrato.

La paciencia y la consistencia son dos cualidades esenciales en el entrenamiento canino sin maltrato. Pero, ¿cómo podemos desarrollar y fortalecer estas cualidades? En esta segunda parte del capítulo, exploraremos estrategias adicionales para lograr una actitud positiva y ser un modelo confiable para nuestro perro.

Una estrategia clave para cultivar la paciencia y la consistencia es establecer metas realistas y alcanzables en el entrenamiento. Es importante recordar que el aprendizaje de nuestro perro lleva tiempo y que cada logro, por pequeño que sea, es motivo de celebración. Fijar metas inalcanzables solo generará frustración, tanto en nosotros como en nuestro perro. Por lo tanto, es fundamental ser realistas en nuestras expectativas y reconocer el progreso gradual que se está logrando.

Otra estrategia efectiva es crear un ambiente libre de distracciones durante las sesiones de entrenamiento. Apagar la televisión, mantener a otros animales fuera de la habitación y alejarse de ruidos molestos ayudarán a que nuestro perro se concentre en las tareas que le estamos enseñando. Además, establecer una rutina de entrenamiento regular y consistente ayudará a que nuestro perro sepa qué esperar y se sienta más seguro y confiado.

El uso de técnicas de refuerzo positivo es también fundamental para mantener una actitud positiva durante el entrenamiento. En lugar de castigar los comportamientos indeseados, debemos enfocarnos en premiar y reforzar los comportamientos correctos. El refuerzo positivo puede ser en forma de elogios, caricias, juegos o golosinas. Recompensar a nuestro perro cuando realiza correctamente un comando o muestra un comportamiento deseado fomentará su motivación y ganas de aprender.

Asimismo, es importante evitar el uso de castigos físicos o métodos coercitivos en el entrenamiento canino sin maltrato. Estas prácticas no solo generan miedo y estrés en nuestro perro, sino que también debilitan el vínculo de confianza que estamos tratando de construir. En su lugar, debemos optar por técnicas basadas en la comunicación clara, la paciencia y la consistencia.

Otro aspecto clave para desarrollar la paciencia y la consistencia es la gestión de nuestras emociones. El entrenamiento puede ser desafiante en ocasiones, especialmente cuando nuestro perro no responde como esperamos. Es importante evitar la impaciencia y la frustración, ya que estas emociones se transmitirán a nuestro perro y dificultarán su aprendizaje. Tomarse un momento para respirar profundamente, relajarse y recordar que el entrenamiento es un proceso gradual ayudará a mantener una actitud tranquila y comprensiva.

Por último, pero no menos importante, es fundamental recordar que el entrenamiento canino sin maltrato no es solo una tarea de un solo dueño. Si vivimos con otras personas, debemos asegurarnos de que todos estén comprometidos con las mismas reglas y técnicas de entrenamiento. La consistencia en el enfoque de todos los miembros de la familia garantizará que nuestro perro entienda claramente lo que se espera de él y evite la confusión.

En resumen, para desarrollar una actitud positiva y ser un modelo confiable en el entrenamiento canino sin maltrato, es fundamental establecer metas realistas, crear un ambiente libre de distracciones, utilizar técnicas de refuerzo positivo, evitar el castigo físico, gestionar nuestras emociones y asegurarnos de la consistencia en todas las interacciones con nuestro perro. Al seguir estos consejos prácticos, estaremos sentando las bases para crear un vínculo sólido y duradero con nuestro compañero canino.

Espero que esta segunda parte del capítulo haya sido útil y te haya brindado herramientas adicionales para el entrenamiento canino sin maltrato. Recuerda que la paciencia y la consistencia son clave para el éxito y, sobre todo, para el bienestar de nuestro perro. Mantén una actitud positiva, sé un modelo confiable y continúa fortaleciendo el vínculo con tu mascota. ¡No dudes en aplicar estos consejos en tu entrenamiento diario y disfrutar de una relación armoniosa con tu perro!

# Capítulo 15: Entrenando perros de diferentes razas y tamaños

En este capítulo, nos adentraremos en las particularidades del entrenamiento de perros de diferentes razas y tamaños. Cada perro es único y, al igual que los humanos, tienen sus propias características y temperamentos. Por eso, es fundamental adaptar las técnicas de entrenamiento de manera efectiva para poder establecer una conexión sólida con nuestros compañeros peludos.

Cuando se trata de entrenar perros de diferentes razas, es importante reconocer que cada raza tiene sus propias necesidades y rasgos específicos. Algunas razas, como los pastores alemanes, son conocidas por ser inteligentes y enérgicas, mientras que otras, como los bulldogs, pueden ser más tercos y menos receptivos.

Para empezar, es fundamental investigar las características y comportamientos típicos de la raza de tu perro. Esto te dará una base sólida para comprender cómo se relacionan y aprenden. A partir de ahí, puedes adaptar tus técnicas de entrenamiento.

Cuando entrenas perros de diferentes tamaños, es importante tener en cuenta las diferencias físicas. Por ejemplo, un perro pequeño puede necesitar ejercicios y actividades más adecuadas a su tamaño, mientras que un perro grande puede requerir un enfoque más vigoroso. Tener en cuenta estas diferencias te permitirá ajustar el entrenamiento de manera efectiva.

Para entrenar perros de diferentes razas y tamaños, es esencial utilizar métodos de entrenamiento positivos y libres de maltrato. El refuerzo positivo, como elogios y recompensas, es una herramienta poderosa para motivar a tu perro y fortalecer el vínculo entre ambos. Evita el castigo físico o el uso de técnicas aversivas, ya que esto puede dañar la confianza y la relación con tu perro.

Un aspecto importante al entrenar perros de diferentes razas y tamaños es la paciencia. Cada perro aprenderá a su propio ritmo, y es normal que algunas razas sean más rápidas en aprender que otras. No te desanimes si el progreso es lento al principio. Mantén la calma y sigue siendo constante en tu enfoque.

Otro factor a considerar es la socialización. Exponer a tu perro a diferentes personas, animales y situaciones desde una edad temprana es esencial para que desarrollen habilidades sociales adecuadas. Esto es especialmente importante para las razas más propensas a la timidez o la agresividad.

Recuerda que cada perro es un individuo, independientemente de su raza o tamaño. Observa a tu perro de cerca y adapta las técnicas de entrenamiento a sus necesidades específicas. Lo que funciona para un perro puede no funcionar de la misma manera para otro.

En resumen, al entrenar perros de diferentes razas y tamaños, es importante investigar y comprender las características propias de cada raza. Ajusta tus técnicas de entrenamiento de manera efectiva, teniendo en cuenta las diferencias físicas y las necesidades individuales de cada perro. Utiliza métodos de entrenamiento positivos, mantén la paciencia y no olvides la importancia de la socialización. Ahora, ¿qué te parece si exploramos a continuación las técnicas específicas para entrenar perros de razas pequeñas?

A continuación, exploraremos técnicas específicas para entrenar perros de razas pequeñas. Estos perros, aunque puedan ser físicamente más pequeños, todavía tienen las mismas necesidades de entrenamiento que sus contrapartes más grandes. La clave para entrenar a perros de razas pequeñas es adaptar las técnicas para satisfacer sus necesidades particulares.

En primer lugar, es fundamental tener en cuenta que los perros de razas pequeñas suelen tener una mayor cantidad de energía en proporción a su tamaño. Esto significa que es importante proporcionarles suficiente ejercicio diario para ayudarles a liberar esa energía. Aunque puede ser tentador pensar que los perros pequeños no necesitan tanto ejercicio, esto no es cierto. Los perros pequeños aún necesitan actividad física regular para mantenerse sanos y felices.

Una buena manera de proporcionar ejercicio adecuado para perros de razas pequeñas es a través de paseos regulares. Asegúrate de que estos paseos sean lo suficientemente largos como para que el perro pueda gastar su energía, pero ten en cuenta sus limitaciones físicas. Los perros pequeños pueden cansarse más rápido que los perros grandes, así que asegúrate de no forzarlos a hacer demasiado.

Además del ejercicio físico, el entrenamiento mental también es importante para los perros de razas pequeñas. Estos perros suelen ser inteligentes y pueden aburrirse fácilmente si no se les proporciona estimulación mental suficiente. Considera la posibilidad de utilizar juguetes interactivos o rompecabezas que desafíen la mente de tu perro. Esto no solo les ayudará a mantenerse ocupados, sino que también les proporcionará una forma saludable de gastar su energía mental.

Al entrenar a perros de razas pequeñas, también es importante tener en cuenta su tamaño y fragilidad. Es posible que necesiten un manejo más suave y precauciones adicionales durante el entrenamiento. Evita jalar la correa con fuerza, ya que esto puede causar lesiones en el cuello y la columna vertebral. Utiliza arneses en lugar de collares de estrangulamiento y asegúrate de que se ajusten correctamente para evitar cualquier daño.

La socialización también es clave para los perros de razas pequeñas. Al ser más pequeños, pueden ser más propensos a tener miedo o a reaccionar de forma agresiva ante nuevas situaciones o personas desconocidas. Exponer a tu perro a diferentes entornos, personas y animales desde una edad temprana les ayudará a desarrollar habilidades sociales adecuadas y a mantener la confianza en diversas situaciones.

Cuando entrenes a tu perro de raza pequeña, recuerda ser paciente. Su tamaño no determina su capacidad para aprender, pero puede tomarles más tiempo comprender y procesar las órdenes. Mantén las sesiones de entrenamiento cortas y frecuentes, y asegúrate de recompensar y elogiar a tu perro por sus logros.

En conclusión, el entrenamiento de perros de razas pequeñas requiere técnicas adaptadas a sus necesidades particulares. Proporciona suficiente ejercicio físico y estimulación mental, teniendo en cuenta su tamaño y fragilidad. Socializarlos adecuadamente y ser paciente durante el proceso de entrenamiento son factores clave para establecer un vínculo sólido con tu perro de raza pequeña.

Recuerda que cada perro es un individuo único, independientemente de su raza o tamaño. Observa a tu perro de cerca, comprende sus necesidades y adapta las técnicas de entrenamiento en consecuencia. Al hacerlo, estarás en el camino correcto para establecer un vínculo sólido y armonioso con tu perro, sin recurrir al maltrato ni a métodos aversivos.

Continúa explorando la segunda mitad del capítulo para obtener consejos y técnicas específicas para entrenar perros de razas grandes. Estos perros pueden tener necesidades ligeramente diferentes debido a su tamaño y fuerza, por lo que es importante ajustar el enfoque de entrenamiento de manera efectiva.

# Capítulo 16: Manteniendo el vínculo a largo plazo

El entrenamiento canino es más que enseñar comandos y trucos a tu perro. Se trata de establecer una relación sólida y duradera basada en el respeto mutuo y la confianza. Ahora que has aprendido las herramientas y consejos necesarios para crear este vínculo, es crucial mantenerlo a lo largo del tiempo. En este capítulo, discutiremos estrategias clave para asegurar que el vínculo con tu perro se mantenga fuerte y florezca con el paso de los años.

Una de las formas más efectivas de mantener una relación sólida con tu perro es a través del refuerzo positivo. A medida que avanzas en el entrenamiento, es importante seguir recompensando y elogiando los comportamientos deseados. Recuerda que los perros aprenden mejor cuando se sienten motivados y recompensados por hacer lo correcto. Utiliza golosinas, elogios verbales y caricias de afecto para fortalecer los lazos emocionales con tu compañero canino.

Además, la consistencia es clave en el mantenimiento del vínculo. Establece reglas claras y coherentes para tu perro y asegúrate de seguirlas siempre. Los perros necesitan estructura y rutina para sentirse seguros, por lo que es fundamental que mantengas una rutina diaria establecida. Esto incluye horarios de alimentación, paseos, tiempo de juego y entrenamiento. Cuanto más consistente seas, más confianza y seguridad transmitirás a tu perro, fortaleciendo así el vínculo entre ustedes.

Asimismo, no olvides la importancia de la comunicación efectiva. Aprender a leer las señales y el lenguaje corporal de tu perro te permitirá entender mejor sus necesidades y emociones. Presta atención a su postura, expresiones faciales y cola. Observar y comprender los mensajes que te envía tu perro te ayudará a responder adecuadamente y evitar malentendidos. La comunicación clara y respetuosa es fundamental para mantener una relación de confianza y un vínculo sólido a largo plazo.

Otra estrategia fundamental es el enriquecimiento ambiental. Los perros necesitan estimulación mental y física para mantenerse felices y equilibrados. Proporciona juguetes interactivos, rompecabezas y actividades que desafíen su mente. Realiza paseos y juegos regulares para satisfacer sus necesidades de ejercicio. Cuanto más enriquecido esté el entorno de tu perro, menos probabilidades habrá de que busque desahogar su energía de manera destructiva y más enfocado estará en fortalecer el vínculo contigo.

Por último, no subestimes el poder del tiempo de calidad dedicado a tu perro. Haz un esfuerzo por pasar tiempo juntos sin distracciones, dedicándote completamente a disfrutar de la compañía mutua. Esto puede incluir actividades como acurrucarse, cepillarse mutuamente, dar largos paseos o simplemente relajarse juntos. Estos momentos de conexión profunda fortalecerán el vínculo entre tú y tu perro, creando una relación especial y duradera.

Recuerda, mantener el vínculo a largo plazo con tu perro requiere compromiso, paciencia y amor incondicional. La comunicación clara, el refuerzo positivo, la consistencia, el enriquecimiento ambiental y el tiempo de calidad juntos son herramientas clave para mantener esta relación sólida y enriquecedora. Continuemos explorando más estrategias y consejos en la segunda parte de este capítulo, donde profundizaremos en cómo superar los desafíos comunes que pueden surgir a lo largo del camino.

¡Mantente atento para descubrir más consejos valiosos y mantener tu vínculo con tu perro aún más fuerte y significativo! Continuando con nuestras estrategias para mantener el vínculo a largo plazo con tu perro, es importante mencionar la importancia del ejercicio regular y la socialización adecuada. Estos dos aspectos son fundamentales para la salud y el bienestar de tu perro, así como para fortalecer el vínculo entre ustedes.

El ejercicio no solo ayuda a mantener a tu perro físicamente activo, sino que también le proporciona una salida para su energía acumulada. Pasear a tu perro diariamente es una excelente manera de promover su bienestar físico y mental. Durante estos paseos, tu perro tiene la oportunidad de explorar su entorno, oler diferentes olores y socializar con otros perros y personas.

Asimismo, el tiempo dedicado a la socialización es esencial para crear un vínculo sólido con tu perro. Además de los paseos, es recomendable que busques oportunidades para que tu perro interactúe con otros perros y personas de manera segura y controlada. Esto puede incluir visitas a parques para perros, clases de entrenamiento en grupo o citas de juego con amigos que tengan perros amigables.

Durante estas interacciones, asegúrate de observar y comprender el lenguaje corporal de tu perro, prestando atención a señales de incomodidad o estrés. Si notaras alguna señal de que tu perro se siente incómodo, retíralo de la situación y trabaja gradualmente para que se sienta más cómodo en situaciones sociales.

Además del ejercicio y la socialización, debes asegurarte de proporcionar estimulación mental a tu perro. Los perros son animales inteligentes que necesitan desafíos y actividades que estimulen sus mentes. Puedes hacer esto a través de juegos de búsqueda y olfateo, enseñándole nuevos comandos o trucos, o utilizando juguetes interactivos que estimulen su curiosidad.

La alimentación también desempeña un papel importante en el mantenimiento del vínculo con tu perro. Utiliza el momento de la comida como una oportunidad para fortalecer la relación a través de diferentes actividades, como enseñarle a esperar pacientemente antes de comer o hacer que realice comandos básicos antes de recibir su comida. Estos ejercicios refuerzan la disciplina y el respeto mutuo, fortaleciendo aún más el vínculo entre ustedes.

Además de todas estas estrategias, es esencial recordar que debes tratar a tu perro con amor y respeto en todo momento. La paciencia y la comprensión son clave para mantener una relación sólida y duradera. A medida que enfrentes desafíos y obstáculos en el camino, recuerda que tu perro depende de ti para su bienestar y felicidad. Mantén un enfoque positivo y comprensivo, y busca soluciones juntos.

En resumen, mantener el vínculo a largo plazo con tu perro requiere un compromiso constante, paciencia y amor incondicional. Mediante el refuerzo positivo, la consistencia, la comunicación efectiva, el enriquecimiento ambiental, el tiempo de calidad juntos, el ejercicio regular, la socialización adecuada y la estimulación mental, puedes fortalecer y mantener una relación sólida y enriquecedora con tu perro.

Espero que estas estrategias y consejos te sean útiles en tu camino hacia una relación duradera y armoniosa con tu compañero canino. Recuerda siempre adaptar las técnicas y recomendaciones a las necesidades individuales de tu perro y buscar el apoyo de profesionales de entrenamiento canino si es necesario.

¡No dudes en explorar y aplicar estas estrategias en tu día a día con tu perro! Continúa desafiándote a ti mismo y a tu perro, manteniendo siempre el amor, el respeto y la confianza como pilares fundamentales de vuestra relación.

¡Que disfrutes de muchos años de felicidad y aventuras junto a tu fiel amigo de cuatro patas!

### Descargo de Responsabilidad para eBook

IMPORTANTE: Por favor, lea este descargo de responsabilidad en su totalidad antes de usar este eBook.

Este eBook está destinado únicamente a fines informativos y educativos. El autor y el editor de este eBook y los materiales asociados han hecho todo lo posible para garantizar que la información proporcionada sea precisa y útil. Sin embargo, el contenido se proporciona "tal cual" sin garantía de resultados completos, precisión o la ausencia de errores.

### Limitación de Responsabilidad

El autor y el editor de este eBook y los materiales relacionados no serán responsables por ningún daño directo, indirecto, incidental, consecuente o punitivo que surja del acceso, uso o imposibilidad de usar este eBook, o cualquier error u omisión en el contenido del mismo.

Este descargo de responsabilidad se aplica a cualquier daño o lesión causada por cualquier falla de rendimiento, error, omisión, interrupción, eliminación, defecto, retraso en la operación o transmisión, virus informático, falla de la línea de comunicación, robo o destrucción o acceso no autorizado, alteración o uso del registro, ya sea por incumplimiento de contrato, comportamiento tortuoso, negligencia o bajo cualquier otra causa de acción.

### Derechos de Autor y Uso del Contenido

El contenido de este eBook es propiedad del autor y está protegido por las leyes de derechos de autor internacionales y nacionales. El autor concede a los compradores de este eBook una licencia no exclusiva para ver, copiar y imprimir el contenido del eBook para uso personal y no comercial solamente.

No está permitido reproducir, transmitir o distribuir cualquier parte de este eBook en cualquier forma o por cualquier medio, electrónico o mecánico, incluyendo fotocopiado, grabación o cualquier sistema de almacenamiento y recuperación de información, sin permiso por escrito del autor, excepto para el uso de citas breves en una reseña.

### No es un Consejo Profesional

La información contenida en este eBook no pretende ser un consejo profesional. Los lectores deben buscar el asesoramiento de profesionales calificados antes de actuar con respecto a los temas mencionados aquí.

### Modificaciones al eBook

El autor y el editor se reservan el derecho de modificar o retirar cualquier parte de este eBook o los materiales asociados a su discreción en cualquier momento sin previo aviso.

### Consentimiento

Al usar este eBook, usted indica su aceptación de este descargo de responsabilidad. Si no está de acuerdo con este descargo de responsabilidad, por favor no utilice el eBook.

# Don't miss out!

Visit the website below and you can sign up to receive emails whenever Gonzalo Estrada publishes a new book. There's no charge and no obligation.

https://books2read.com/r/B-A-OZBBB-PZEQC

**BOOKS 2 READ**

Connecting independent readers to independent writers.

Did you love *Entrenamiento sin Violencia*? Then you should read *Aromatherapy, The natural path to your pet's well being*[1] by Gonzalo Estrada!

[2]

Aromatherapy: The Natural Path to Your Pet's Well-being" by Gonzalo Estrada is a comprehensive guide that introduces pet owners to the gentle art of aromatherapy for animals. This book covers the essentials of using essential oils safely and effectively to enhance your pet's physical and emotional health. From easing stress and anxiety to providing relief from pain and inflammation, each chapter is dedicated to a specific aspect of your pet's well-being.

Learn how to select the right essential oils, understand their benefits for skin care, respiratory health, and digestive comfort, and explore how aromatherapy can support aging pets or those with separation anxiety.

---

1. https://books2read.com/u/bOEM69

2. https://books2read.com/u/bOEM69

Discover natural solutions for flea and tick management, coat care, and even how to use aromatherapy in training and socialization. With a focus on safety and the importance of a balanced approach, this book is an invaluable resource for creating a harmonious environment for your beloved companion.

# Also by Gonzalo Estrada

Self Healing
Visualiza tu Éxito
Cultivando Líderes
Afirmaciones y Empoderamiento
Semillas de Cambio
Cómo convertir TikTok en una máquina de hacer dinero
Cómo hacer dinero con Pinterest
Cómo hacer un ensayo
Cómo Pedir un Aumento de Sueldo
Currículo Poderoso
Entrenamiento sin Violencia
Entrevista Laboral
Gana Dinero con X (Twitter)
Ganar Masa Muscular
Volver a Empezar; el arte de reinventarse
Analiza Resuelve Ejecuta
Aromatherapy, The natural path to your pet´s well being
Holistic Feeding
The ABC of Educating Your Pet
The Art of Cosmic Connection
The Art of Feng Shui applied to your Pets
From Scarcity to Abundance
The English Bulldog in The Family
The French Bulldog
Therapeutic Massages for Pets